D1488850

Walt Whitman

CANTO A MÍ MISMO

Copyright © EDIMAT LIBROS, S. A.
C/ Primavera, 35
Polígono Industrial El Malvar
28500 Arganda del Rey
MADRID-ESPAÑA
www.edimat.es

ISBN: 84-9764-348-8
Depósito legal: M-25931-2005

Colección: Clásicos de la literatura
Título: Canto a mí mismo
Autor: Walt Whitman
Introducción: Enríque López Castellón
Diseño de cubierta: Juan Manuel Domínguez
Impreso en: Gráficas Cofás

IMPRESO EN ESPAÑA – *PRINTED IN SPAIN*

NOTAS BIBLIOGRÁFICAS

Por su interés histórico, incluimos a continuación un extracto de la biografía de Walt Whitman que el propio autor preparó para una de las ediciones de *Leaves of Grass,* publicada por David MacKay, Filadelfia, 1900.

1819 (31 de mayo): Nace en West Hill, Long Island, Estado de Nueva York. Hijo segundo de Walter Whitman y de Louisa van Velsor. Durante 1820-23 sigue viviendo en West-Hills.

1824: Se traslada a Brooklin. Entra en la escuela pública. En 1831 sirve en una oficina de abogado. Luego, en la de un médico. En 1834 ingresa en una imprenta para aprender el oficio.

1838: Enseña en las escuelas rurales de Suffolk. Después, sin dejar de trabajar allí, enseña también en escuelas de tierras de Queens, durante tres años. Luego publica un semanario, «The Long Islander», en Huntington.

1840: Vuelve a la ciudad de Nueva York, trabaja en imprentas y hace periodismo. En 1846 y 1847 publica «The Eagle», diario de Brooklin.

1848: Va a Nueva Orleans como uno de los directores del diario «The Crescent». Después viaja por el Sur y el Suroeste.

1850: Vuelve al Norte. Edita «The Freeman», diario de Brooklin. Trabaja luego construyendo casas y vendiéndolas.

1855: Publica *Hojas de hierba*, la primera edición, en cuarto menor, 95 páginas. En 1856, la segunda edición en 16°, 384 páginas. En 1860, la tercera edición, en 12°, 456 páginas, en Boston.

1862: Va a los campos de batalla de la guerra de Secesión. Comienza sus servicios a los heridos en los hospitales y después de las batallas. Se mantiene firme allí durante tres años. En 1865 ocupa un cargo en las oficinas del Gobierno.

1867: Publica la cuarta edición de *Hojas de hierba*, incluyendo «Redobles de tambor». En 1871, la quinta edición.

1873: Postrado por la parálisis en Washington. Parte para una playa del Atlántico, por orden del médico. Empeora en Filadelfia y fija sus cuarteles en Camden, Nueva Jersey, donde ha permanecido unos quince años hasta la fecha.

1876: Sexta edición de *Hojas de hierba*, con otro volumen, *Dos Arroyos*, de prosa y poemas alternados. En 1881, séptima edición de *Hojas de hierba*, publicada por Osgood y Compañía, en Boston.

1882: Octava edición de *Hojas de hierba*, publicada por David MacKay, Filadelfia. También publica *Jornadas en América*, un volumen de prosa y de autobiografía.

1888: Whitman está ahora en su año setenta. Se halla casi enteramente imposibilitado por la parálisis, consecuencia de sus persistentes tareas de hospital en 1863 y 1864. Pero, según hemos sabido, tiene ahora en prensa un volumen de prosa y verso, llamado *Ramas de noviembre*. Reside en la calle Mickle, Camden, Nueva Jersey.

Pasados cuatro años, después de haber escrito estas notas biográficas, Whitman moría en Camdem, víctima de una bronconeumonía aguda. Contaba setenta y tres años de edad.

WALT WHITMAN

CANTO A MÍ MISMO

Por Enrique López Castellón

WALT WHITMAN, EL POETA Y SU OBRA

I

El prologuista siempre dispone de un recurso agradecido: contar la biografía de su autor. Siempre es un buen comienzo para empezar a amarle. El lector, además, desea saber lo que hizo realmente en este mundo el personaje cuyo libro se dispone a leer. Dice el siempre atinado Unamuno: «La íntima biografía de los filósofos, de los hombres que filosofaron, ocupa un lugar secundario. Y es ella, sin embargo, esa íntima biografía, la que más cosas nos explica.»

Don Miguel se refiere a los filósofos, ¿pero no valdrá también su indicación para los poetas? ¿Y no es, ademas, Whitman tan filósofo como poeta?

La biografía de Whitman, pese a todo, da pocas pistas para entender su obra. «Quienes pasan del deslumbramiento y del vértigo de *Hojas de hierba* a la laboriosa lectura de cualquiera de las piadosas biografías del escritor, se sienten siempre defraudados. En las grisáceas y mediocres páginas que he mencionado, buscan al vagabundo semidivino que le revelaron los versos y les asombra no encontrarlo. Tal, por lo menos, ha sido mi experiencia personal y la de todos mis amigos.» Son palabras de Borges. Y León Felipe añade: «Whitman no tiene biografía. Ni autobiografía tampoco. Su verdad y su vida no están en su prosa, están en su canción.»

La canción la encontrará el lector páginas atrás; presentar un esbozo de su vida y de su época, marcar el contexto geográfico y político donde se desarrolló su existencia, es misión mía. Vamos a ello.

Nuestro poeta nació en 1819 en Long Island, la isla alargada y extensa del este de Nueva York. Hoy ha sido invadida por las ramificaciones de la metrópolis y es lugar de deportistas, veraneantes y casas de campo, pero en la época de Whitman era una zona rural y aldeana. Sus llanuras incultas, sus abetos, pastizales, encinas, lilas y nogales; sus costas azotadas por el mar y los vientos asoman con frecuencia en los versos del poeta. La vida es patriarcal y campesina, y Walt nace en una de sus granjas de unos padre sanos, vigorosos y fecundos: un campesino, que se llama como él, cuyo trabajo como constructor le hace desplazarse con frecuencia a tenor del ritmo que le marca la demanda, y una típica representante de la vieja raza holandesa trasplantada a América, Luisa Van Velsor, por quien su hijo sentirá auténtica y sincera devoción. Gentes sencillas, poco habladoras, sufridas y alegres, religiosas a su manera, aunque con marcadas simpatías por los cuáqueros, de economía escasa y apretada, existencia nómada dentro de un radio limitado de acción.

La infancia de Walt es un mirar el *ferry* que une Long Island con el continente, un ver al general Lafayette que trae de la lejana Francia aires de revolución con palabras de dignidad y derechos del hombre, y un asistir a la escuela comunal donde cursaría sus únicos estudios de enseñanza primaria. Lo demás son sus múltiples lecturas: de *Las mil y una noches* hasta la filosofía de Hegel, pasando por la poesía de Walter Scott, que dejaría profunda huella en él. Trabaja, primero, en el despacho de un abogado; luego, aprendiendo tipografía en el taller de composición de un periódico local de pocas pretensiones. Su abuelo materno, marino en su juventud, despierta con la narración de sus aventuras el espíritu vagabundo y fantasioso que se va gestando en el muchacho. Pescadores, pilotos del *ferry*, boyeros e indios son pronto sus interlocutores amables. Frecuenta el teatro, acude a las conferencias de Brooklyn y siente ya que los límites de su mundo no pueden ser los de una isla.

Diecisiete años tiene cuando lo encontramos de maestro de escuela en una aldea. En esta etapa funda el periódico «Long Islander», donde ejerce personalmente todas las funciones, desde la de director hasta la de distribuidor, recorriendo la región a caballo.

A los veintidós años abandona la isla para ir a Nueva York: allí puede contar con un laboratorio de experiencias mucho más amplio. Es un auténtico atleta de alta estatura, fuerte complexión, ojos pequeños de un gris azulado, poblada barba morena que nunca rasurará. Trabaja de tipógrafo, pero cambia con frecuencia de puesto y de labor. No busca jamás una profesión fija y rentable. Le basta con ganar su sustento sin dejarse dominar por la monotonía cotidiana. Y un interés: la literatura. Artículos, cuentos e incluso poesías van apareciendo en periódicos locales de poca monta hasta que el elegante y muy leído «Mirror» le ofrece sus páginas. Conoce a Edgar Allan Poe, pero sus verdaderos amigos son los marinos, a los que acompaña en breves recorridos por la bahía, y los conductores de los vehículos públicos de caballos —los ómnibus— en cuyos pescantes se le ve pasar con frecuencia. Toda una trama de pequeñas pero muy profundas y entregadas relaciones sociales a las que el joven Walt se dedica totalmente olvidándose de sí.

Y junto a ello, el drama teatral, la ópera italiana, que Whitman escucha embelesado codo a codo con gentes sencillas desde las localidades más económicas; el encanto de la voz portentosa, una concepción de la música y del recitado que —al decir de sus críticos— habría de influir decisivamente en su forma de entender la poesía y de componer el verso.

Sentir la proximidad del calor humano en medio de la ciudad bulliciosa y fabril, y leer en plena naturaleza la Biblia, Homero, los grandes trágicos griegos, Shakespeare, los viejos Nibelungos alemanes, el Dante, son las ocupaciones del Whitman juvenil, mientras en las imprentas de la ciudad siempre tienen un puesto a su disposición, cuando el dinero escasea y hay que comer, beber o ayudar económicamente al amigo.

Así, rigió los destinos del «Brooklyn Eagle» durante dos años, y trabajó luego en el «Brooklyn Times» y el «Daily Aurora». Pero los vagabundeos callejeros, con sus amigos obreros, le atraían más que un trabajo que, como el de periodista, obliga a una atención continuada. Walt odia los espacios cerrados, y en muchos de sus poemas lo confiesa; prefiere la inmensidad del mar, el bosque umbrío, el cobijo de una cueva en la montaña cuando la lluvia arrecia. Sus horizontes geográficos se abren y va teniendo la posibilidad de adentrarse en el inmenso corazón del continente americano. La ocasión se la brinda el ofrecimiento de fundar un periódico en Nueva Orleáns. Allí conocerá los encantos del Sur. Whitman aprovecha la oportunidad para realizar un largo periplo que le lleva a remontar el Mississippi, llegar a San Luis, navegar por el Michigan y el Hurón, conocer Detroit, Búfalo, ver el Niágara... y volver a Nueva York sin dinero pero con el corazón henchido de gentes y paisajes.

Tiene ahora imprenta propia y desde ella defiende los principios radicales que le han hecho abandonar el partido demócrata. Alterna su labor con la carpintería de construcción. El poeta levanta casas para obreros modestos. A sus treinta años su alma se ha enriquecido extraordinariamente. Su vida —como señala uno de sus primeros biógrafos— es «libre, no terrenal, sin prisas, sin egoísmos, anticonvencional, vivida contenta y alegremente». Su rostro se ha curtido con el sol disfrutado en largos paseos por la playa; sus cabellos empiezan a hacerse grises, y en su impresión de gigantón ingenuo, siempre niño, se ve radiante una espléndida animalidad humana. Procedía —como dice Concha Zardoya— «de los pies a la cabeza, de la inmensa raza de los trabajadores manuales, fundamento y razón de ser de la democracia americana. Se habían necesitado siglos de silenciosa labor, en la tierra y en el mar; siglos de robusta vida al aire libre para preparar tal representante». Su «torpe aliño indumentario», que diría Machado, no oscurecía una elegancia innata de hombre noble, limpio, honrado, de vida muy modesta, sin lujos, desclasado. Y, sobre todo, su magnetismo, una fuerza irresistible de atracción que despedía su cuerpo atlético, su salud desbordante, su voz encantadora, su extraordinaria vitalidad y su capacidad para la intercomunicación humana. Sabía embriagarse de emociones cerradas para muchos mortales, y todo ello lo iba recogiendo puntualmente en notas y más notas que ocupaban una serie de pequeños cuadernos.

En estas fechas intuye su misión: escribir un gran libro, un único libro de poemas que sintetice la esencia de su mensaje. Y la primera edición de *Hojas de hierba*, compuesta artesanalmente por él mismo en la imprenta de unos amigos, sale a la luz en 1855.

El impacto es muy duro en una sociedad convencional a pesar de sus aires de independencia y de libertad política. La expresión de los propios sentimientos es considerada una falta de pudor y de buen tono. Un vocabulario obreril, egotista; un verso inédito en la factura y el estilo, aparentemente desaliñado; una experiencia nueva en la literatura, que debía haber sido entendida en una tierra de pioneros y de exploradores; innovador, como lo era la propia democracia americana en el terreno político. Pero la impresión es demasiado fuerte, y los pocos que la leen reciben muy mal su obra. Los libreros piden que se retire de la venta. Muchos de los hombres de letras le devuelven indignados el libro, reprochándole su atrevimiento. Alguno lo considera como «una burla al arte». «El autor —dice un periódico del puritano Boston— debería ser echado a puntapiés de toda sociedad decente, por pertenecer a un nivel inferior al de las bestias. No hay inteligencia ni método en este parloteo desarticulado, y creemos que debe tratarse de un pobre loco escapado en pleno delirio del manicomio.» Y añade un diario de Londres: «Pero, ¿qué derecho tiene este Walt Whitman a ser considerado un poeta? Su familiaridad con el arte es tan escasa como la de un cerdo con la matemática.» Realmente, las críticas son como para hacer que cualquier hombre sensible abandone la pluma para siempre. Pero Walt tiene una gran confianza en sí mismo.

Sólo Emerson, consagrado ya, se atreve a confesarle en una carta personal: «Le felicito por su libre y valiente pensamiento, que me produce un gran regocijo. Encuentro cosas incomparables incomparablemente dichas, como deben serlo. Encuentro ese coraje en la forma de tratar los temas que tanto placer causa y que sólo una amplia visión puede inspirar. Le saludo en el comienzo de una gran carrera...»

Las palabras de Emerson confirman las intuiciones de ese gran salvaje que es Whitman, y poco a poco irán apareciendo nuevas ediciones de *Hojas de hierba*, enriquecidas, aumentadas, corregidas, constituyen, empero, una obra unitaria cuya articulación interna han sabido ver los críticos de la posteridad. La primera edición contaba tan sólo con 12 poemas; la última, ya en puertas de la muerte, incluye 390.

II

Whitman está presenciando la fabulosa expansión de los Estados Unidos: el empuje tierra adentro, hacia el Oeste; el rápido surgir de ciudades en terrenos salvajes, la llegada masiva de inmigrantes, el progreso de la democratización política, en lucha con el caciquismo cerril de la aristocracia terrateniente; la eclosión de la libertad ciudadana frente al esclavismo feudal, las luchas del puritanismo y el materialismo, el proceso de industrialización creciente... Las tensiones se hicieron insuperables. Y estalló la guerra de Secesión.

Walt se pregunta cuál es su papel en esa guerra entre el Norte, industrial, democrático, y el Sur, agrícola, esclavista. Observa, sin saber qué hacer, las largas colas de reclutamiento donde jóvenes entusiastas se aprestan a morir para defender la libertad y la democracia. El hecho de que un hermano suyo cayera herido en el frente despeja sus dudas. Acude a encontrarse con él a un hospital y allí comprende que su lugar está junto a los moribundos, mutilados, heridos, que se amontonan desordenados. El gran amante de la vida descubre ahora todo el horror profundo del dolor, de la desesperación y de la muerte. Se siente necesario, comprende la labor que puede hacer como enfermero, curando, animando, amando, brindando amistad y compañía, escribiendo cartas... Y todo ello sigue anotándolo en su alma para conferir a sus poemas un tono más sombrío y macabro incluso, pero también más realista. La experiencia de la guerra pone a prueba el optimismo visceral de Whitman, su inmensa confianza en el hombre.

Como consecuencia de su agotadora tarea, el fuerte organismo de Walt se resintió. Empezaron a dolerle la garganta, la cabeza; a sufrir desvanecimientos. Se hizo un corte en una mano tratando de ayudar en una operación quirúrgica. La inflamación se extendió al brazo, y aunque la herida se cerró pronto, sus consecuencias serían graves algún día. Nunca volvió Whitman a gozar de una salud desbordante. «Redobles de tambor» sería la colección de poemas que, engrosando sus *Hojas de hierba*, recogerían sus experiencias de tiempos de guerra.

En 1865, Abraham Lincoln, a quien Whitman admiraba profundamente y con el que compartía un odio a la esclavitud, era abatido en un atentado. También el poeta le dedicaría cantos inmortales, encarnando el dolor de un pueblo al borde de la tumba del hombre que tanto había hecho por América.

Por estas fechas, Walt tenía un empleo en el ministerio del Interior. Su inmensa labor humanitaria durante la guerra había llegado a los cenáculos políticos; pero el fanatismo del metodista James Harlan, ministro a la sazón, escandalizado por sus poesías, le cesó en sus servicios. Pronto pasaría la tempestad, y sus amigos y admiradores se encargarían de poner en solfa la «indecente respetabilidad» de Harlan. Whitman fue reivindicado y ocupó después otro puesto en el ministerio de Justicia. Ello no le impidió volver a la vieja camaradería con los cocheros y conductores de ómnibus. Uno, sobre todo, ocupaba su corazón: el joven irlandés Peter Doyle. Juntos, al acabar el trabajo, paseaban felices y despreocupados por los suburbios de Washington.

El poeta, hambriento de amor —se ha dicho que su amor a los demás era una prolongación de su egoísmo, mientras que yo pienso precisamente lo contrario—, manifestaba un homoerotismo puro y expansivo, ingenuo como el adolescente que se mueve en la zona insegura de la ambigüedad sexual. Ciertamente, es un secreto a voces que Whitman sufría un cruel desgarrón en sus apetencias sexuales. Si traigo el tema aquí no es por urgar en una cuestión privada o por desvelar un secreto íntimo, sino por subrayar la influencia que un instinto erótico específico pudo tener en su obra poética. Se ha dicho que algunos de los amores femeninos que aparecen en sus poemas son un disfraz del autor para poder cantar con libertad a la persona amada en medio de una sociedad poco proclive a entender y aceptar cualquier cosa que escapara de la norma. El propio Whitman negó repetidas veces tales tendencias e incluso llegó a afirmar que tenía un amor femenino oculto del que habían nacido varios hijos naturales. Nunca pudo probar eso, pero sí la sublimación de sus inclinaciones en un amor puro entre camaradas que tenía algo del clásico compañerismo de los héroes griegos y un mucho del amor a la humanidad que predicaban los socialistas utópicos.

Nuestro García Lorca, tan cercano en este aspecto a su camarada americano, destacó en su *Oda a Walt Whitman* este ángulo, a un tiempo oscuro y luminoso:

Ni un solo momento, viejo hermoso Walt Whitman,
he dejado de ver tu barba llena de mariposas,
ni tus hombros de pana gastados por la luna,
ni tus muslos de Apolo virginal,
ni tu voz como una columna de ceniza;
anciano hermoso como la niebla,
que gemías igual que un pájaro
con el sexo atravesado por una aguja,
enemigo del sátiro,
enemigo de la vid
y amante de los cuerpos bajo la burda tela.
Ni un solo momento, hermosura viril
que en montes de carbón, anuncios y ferrocarriles,
soñabas ser un río y dormir como un río
con aquel camarada que pondría en tu pecho
un pequeño dolor de ignorante leopardo.

En esta época, Whitman es casi desconocido como poeta, en contraste con su popularidad de amigo de todos y el entusiasmo de amplios círculos de la juventud inglesa, que esperaban ansiosos cada nueva edición de *Hojas de hierba*. Rossetti, que promocionó la primera edición en Inglaterra de una selección de poemas, la presentaba como «la obra más grande de nuestro período de poesía». Se le comparó con el ilustre poeta inglés William Blake, y Ana Gilchrist, profundamente impresionada, escribió varias cartas a Whitman que merecieron ser dadas a la luz pública. Y empezó la celebridad literaria. Varias sociedades le invitaron a recitar poemas. En este tiempo escribe una de sus pocas obras en prosa, *Perspectivas democráticas*. Lewis Mumford consideró que «quizá ningún libro pueda estar más cerca de nuestros objetivos actuales que éste de Whitman». *Paso hacia la India*, otra colección de poemas que engrosó las *Hojas,* cantaba la apertura del canal de Suez y la terminación del ferrocarril que unía los dos grandes océanos entre los que se halla América.

Hacia 1869, ciertos malestares mermaron la salud del poeta: las piernas empezaron a no responderle, experimentaba vértigos y mareos. «El médico dice —declaraba Whitman— que eso proviene de la malaria del hospital, veneno que mi organismo ha absorbido hace años.»

Los ataques se repiten cada vez más violentos. Cuando el poeta cumple cincuenta y cuatro años, la parálisis empieza a atenazar su cuerpo. ¿Había un tormento mayor para el vagabundo callejero, para el entusiasta excursionista por las orillas del Potomac, que el zarpazo hemipléjico? Walt sigue robusto como un roble, pero a partir de 1873 se va convirtiendo paulatinamente en un inválido. Es un árbol grande, pleno de savia rica y abundante, condenado fatalmente a la inmovilidad.

Cuando el poeta va recuperando su vitalidad espiritual recibe la dolorosa noticia de que su madre está agonizando. El camino hacia su propia muerte se iniciaba ahora. Le restaban diecinueve años de impotencia física creciente.

III

Whitman inicia esta última etapa de su vida en Camden, el barrio obrero de Filadelfia, en casa de su cuñado. Conoce la soledad y el abandono, la ausencia de horizontes amplios. Sus hermanos le cuidan con cariño, pero Walt no se siente acompañado. Le acosan, además, dificultades económicas. Sólo sus lectores y admiradores ingleses contribuyen con su dinero a costear los pocos gastos de Walt.

Buscando espacios abiertos, Whitman va a Whitehorse y a Glendale. Su vieja amiga la naturaleza vuelve a acogerle con todo su esplendor. Su encuentro personal con Ana Gilchrist le infunde nuevos ánimos. Arrastrando una pierna va a Baltimore y a Nueva Work. Abraza otra vez a Peter Doyle. Apoyado después en un bastón y a duras penas, se dirige al Oeste; acude al Canadá invitado por un amigo, se entrevista con Longfellow en Boston. Su ansia viajera lucha desesperadamente con un cuerpo que cada vez le responde menos. En compensación, la última edición de *Hojas de hierba* se vende bien, aunque los inquisidores de turno siguen podando y prohibiendo a su antojo. Los críticos más prestigiosos reconocen ya sin reservas su valor.

Walt puede comprar una casita de madera en un barrio popular y algo alejado de Camden, Le atiende una señora viuda que mantendrá hasta el fin su fidelidad y solicitud. Un perro y un canario completan el insólito cuadro familiar. Son unos años de gozo íntimo compartido, ensombrecidos por el temor a la inmovilidad absoluta. Sus amigos le regalan un elegante calesín, tirado por un pacífico caballo, y pronto su estampa conduciendo el animal empieza a hacerse frecuente a través del campo y a orillas del río. El cerebro de Walt funciona tan portentosamente como siempre.

En Filadelfia y en Nueva York, el poeta recibe ya el cálido entusiasmo popular en sendos actos en los que participa. El gentío le abraza y felicita. Como siempre sucede, el genio acaba abriéndose paso por encima de incomprensiones e intolerancias primeras. Su casa, en la calle Mikle, es lugar de peregrinaje de literatos, amigos, entusiastas y curiosos.

Al cumplir sesenta y nueve años sufre varios ataques sucesivos que le hacen perder el conocimiento. Su convalecencia es muy prolongada, pero su cuerpo sigue resistiendo. Su mente está tan lúcida que aún puede dar a conocer sus *Ramos de noviembre*, una recopilación de verso y prosa. Su emoción parecía intensificada por la gravedad de la hora y la vecindad de lo desconocido. De la vieja Europa —Inglaterra, Francia, Alemania, Austria— le llegaban noticias de homenajes que alegraban la vida del anciano. Pero el calesín era ya un objeto inservible, que, junto con el caballo, hubo de venderse.

Pese a todo, Whitman sabe poner silencio a sus males para acudir puntualmente al homenaje a Lincoln. La sola presencia en el estrado del viejo atleta moribundo conmueve más que sus palabras. Poco después contrae una bronconeumonía aguda que le postra en la cama por última vez. Un montón de flores, compradas diariamente por suscripción popular, y las caras de los niños, que se detienen en su ventana al pasar, alegran sus últimos días.

El gran bardo de América no se queja; se sume en un silencio impresionante y así traspasará el umbral de la muerte. Es el año 1892. Su cuerpo fue a abonar la tierra, a fin de que crecieran más lozanas y frescas —ya para la eternidad— sus inolvidables *Hojas de hierba.*

IV

Al igual que Baudelaire con *Las flores del mal,* Whitman es autor de un único libro de poesía: *Hojas de hierba,* que en su versión definitiva consta de 390 poemas. El libro no tuvo un crecimiento lineal y acumulativo. Como hace ver L. Wolfson, «Whitman no se limitó a agregar nuevos poemas a los ya publicados, sino que sometió su obra a una revisión continua, añadiendo o quitando palabras, versos o estrofas enteras, reuniendo varias composiciones en un grupo o *cluster* para luego tal vez arrepentirse y volver a diseminarlas, alterando la ubicación de los poemas o grupos, etc. Este largo y complicado proceso, que se inició en 1860 y continuó hasta 1881, añade un elemento evolutivo o diacrónico que interesa tener en cuenta al evaluar la producción whitmaniana».

Tras algunas dedicatorias iniciales, *Hojas de hierba* se divide en los siguientes poemas más importantes, divididos cada uno de ellos en varios fragmentos o estrofas: «Canto a mí mismo», «Hijos de Adán», «Cálamo», «Salut au monde!», «Canto del camino público», «En la barca de Brooklyn», «Canto del respondedor», «Canto del hacha», «Canto de la exposición», «Canto del cedro», «Canto a las ocupaciones», «Canto a la tierra que gira», «Aves de paso», «Restos marinos», «Al borde del camino», «Redobles de tambor», «Memorias del presidente Lincoln», «A la orilla del Ontario azul», «Arroyos de otoño», «Grandiosa música de la tempestad», «Paso hacia la India», «Los Dormidos», «Pensar en el tiempo», «Murmullos de la muerte celestial», «Desde el mediodía a la noche estrellada», «Rostros» y «Cantos de la partida».

Con todo, muchos críticos literarios han destacado el carácter unitario que presenta este conjunto de poemas, articulado en torno a tres temas que para el propio autor eran: el amor, la democracia y la religión. V. K. Chari, en busca de esta armonía unitaria de la poesía de Whitman, señala: «Me propongo demostrar que subyacente en toda la obra hay una lógica coherente, un tema único y dominante que no es otro que la índole de la conciencia o el centro místico de experiencia que constituye el sí-mismo. El misticismo, tal como lo entienden los adeptos de la doctrina Vedanta y como halla expresión en Whitman, es una manera de incluir lo "otro" –el mundo objetivo— en una concepción comprensiva del sí-mismo, negando así la oposición entre el yo y el no-yo. Esa concepción expansiva, dinámica y exultante del sí-mismo es la que constituye el significado central de *Hojas de hierba*.»

Poco hay que añadir a estas palabras, de no ser mi total conformidad. Realmente, aunque, en el cantar de Neruda, Whitman es «innumerable como los cereales», hay abundantes pistas para encontrar una unidad en su evangelio poético. Cabe decir, incluso, que todo el libro es una extensión del «Canto a mí mismo», uno de sus poemas primeros en el tiempo. Se trata, en suma, de la libre expresión de una personalidad que, a la vez, encarna las esencias más puras de la Norteamérica de la época. Aun más, el mismo Whitman así lo manifestó en su «Mirada retrospectiva a los caminos recorridos». Estas son sus palabras: «Se trataba de la ambición de articular y expresar en forma literaria o poética, con toda mi fe y sin concesiones, mi propia personalidad, física, moral, emocional, intelectual y estética, enmarcada y en correspondencia con el espíritu y los importantes sucesos inmediatos y de la América de entonces, y explotar esa personalidad, identificada con lugar y fecha, en un sentido mucho más amplio y sincero de lo que se había hecho hasta entonces en poemas y libros. Tal vez a esto se reduzca en síntesis o esto sugiera cuanto he intentado hacer. *Hojas de hierba* es o pretende ser simplemente un registro fiel y, sin duda, obstinado que adopta como ámbito y punto de vista los de Estados Unidos en el siglo XIX.»

América se ha erigido, en la época de Whitman, en el símbolo famoso de un ideal. Es el pueblo nuevo que, frente a la desgastada Europa, levanta la bandera de un ideal revolucionario de libertad y democracia. Bien entendido que la democracia de Whitman —república de almas libres— es de signo espiritual. El poeta inicia una literatura auténticamente nacional dedicada no sólo a exaltar los grandes ideales del joven país, sino también a presentar sus tipos y paisajes, perspectivas que, dado el gigantismo continental de la nación, suministra un material abundantísimo a la inspiración poética. A la sombra de Whitman se han tendido las alas vigorosas de Robinson, Frost y Sandburg, poetas libres de «contaminaciones» europeas.

Ahora bien, este nacionalismo suscita inmediatamente la dimensión exacta de su universalidad. La medida del universalismo de Whitman hay que verla en dos planos. En primer lugar, el bardo americano se dirige a todos los hombres por igual. En segundo lugar, lo que dice de sí mismo y de su país —cabría afirmar con Kierkegaard— puede aplicarse a la humanidad entera. Es difícil no descubrirnos a nosotros mismos leyendo a Whitman; es imposible —por decirlo con frase de Ortega— que el gran poeta no nos plagie. Y esto, precisamente, levanta en el lector un gozo íntimo: el placer de saberse unido con el Hombre por el cordón umbilical de las experiencias no dichas hasta ahora. ¡Escuchar por fin la canción que no ha sido aún cantada! El placer de entendernos mejor gracias a las palabras con las que otro expresa lo que nosotros no sabemos decir.

León Felipe ha atestiguado esto a su manera:

Esta es la hora de transbordar las consignas poéticas eternas;
de transvasar de un cuenco a otro cuenco las genuinas esencias de los pueblos;
de llenar las copas de nuestros viejos alfareros con vinos de otras cepas y de otros lagares,
con vinos del norte y del sur...
La mejor hora para brindar por el hombre con canciones de otras latitudes, trasladadas a nuestro discurso.
¡Y qué alegría cuando sentimos que estos zumos extraños son nuestros también,
que nada le viene áspero ni amargo a nuestro paladar!
(¡Qué alegría cuando yo averiguo que en mi pentagrama
cabe la canción del cuáquero y del chino,

y que el amplio sombrero tejano me sienta tan bien
como el viejo chambergo de Castilla,
que es el mismo sombrero con más órbita!)
¡Qué alegría cuando nos damos cuenta de que los pueblos
  están tan cerca unos de otros al través de sus poetas!
¡Que sólo la política separa a los hombres: los cabildos
  y los concejos!
Un día, cuando el hombre sea libre, la política será una
  canción.
El eje del universo descansa sobre una canción, no so-
  bre una ley.
Cantan las esferas.
¿No habéis oído hablar de la canción de las esferas?
¿Y es inoportuna ahora esta canción?

¡La canción de las esferas! Whitman, ciertamente,
es un poeta cósmico. Pasa, sin solución de continuidad,
de la brizna más pequeña de hierba o del animal más
insignificante, a los grandes planetas o a los cometas
que surcan veloces el cielo. Sabe descubrir la armonía
íntima de los contrarios, más allá de las apariencias que
hablan de división, diferenciación y contradicción. Más
allá del placer y el dolor, del bien y del mal, de la vida
y la muerte, está el fluir de la naturaleza, siempre eter-
no y perpetuo. Todo es uno y lo mismo; nada se crea o
se destruye, únicamente se transforma en el constante
vaivén del fluido espiritual del mundo. Los ojos del es-
píritu penetran en la solidez de lo material y ven, más
allá de las superficies, la realidad última que sustenta
—o nutre, o plasma, o es— cada objeto. ¡Y el hombre
es un microcosmos, compendio y resumen de la unidad
última —la realidad real, diria él—, en la que se resuelve
la multiplicidad de lo existente! Todo ello, además, si-

guiendo un plan divino, unas extrañas razones —señalaríamos a la manera de Pascal— que la razón no conoce.

La vastedad de Whitman, su anhelo de expansión plural, hacen que su universo sea, en rigor, un «multiverso», en el decir de J. Cowper Powys; y en este sentido, su poesía constituye la más grande armonía universal de los tiempos modernos; ello, precisamente, por su cósmico espíritu de amor humano. «Este hombre —ha dicho Havelock Ellis— ha percibido sin duda la verdad de la profunda afirmación de Thoreau en el sentido de que para aquel que considera el sexo impuro no hay flores en la naturaleza. Whitman no puede referirse a la vida del hombre o de la mujer sin referirse a la vida de la naturaleza toda, ni puede hablar de la naturaleza sin referirse a la vida del hombre: mezcla ambas cosas con un ritmo admirablemente equilibrado.»

He aquí, a mi manera de ver, una de las claves de su éxito. En él, religión, filosofía y ciencia coexisten en asombrosa unidad. La articulación de estos sistemas se explica en la medida en que estamos ante tres expresiones de un mismo problema: el misterio de la vida. Dice Marcel que el problema es soluble por el hombre por el hecho de que éste trasciende a los datos que maneja. El misterio, en cambio, no puede resolverse, pues el hombre es uno de sus datos. Whitman es consciente de que ante el misterio de la vida no cabe sino reconocer su unidad y sumergirse en ella con la fruición de quien se introduce en unas aguas frescas y limpias, un caluroso día de verano. La poesía del bardo americano purifica como un baño alegre disfrutado en compañía, confiere la serenidad de la armonía con el Todo, una serenidad, por supuesto, exultante en función de esa alegría de vivir, de esa conciencia de saberse repleto de una salud que nos desborda.

Por encima de los pequeños y grandes dramas diarios se erige la esencia genuina del sí mismo, no contaminada ni alterada por las tribulaciones de un presente huidizo, del recuerdo perturbador del pasado perdido o de la ansiedad e inquietud de un futuro que desconocemos. En este aspecto, Whitman, al situarse más allá de las categorías comunes del bien y del mal, de lo legalmente prohibido y permitido, es un maestro de moral a la manera griega o a la manera de los grandes innovadores religiosos, esto es, su mensaje trata de enseñar al hombre el arte de vivir.

El genial americano encuentra, así, a Dios por todas partes: no es una realidad trascendente que exista en un cielo ultramundano. Whitman viene a decir que todo es divino; que no hay un abismo insondable entre Dios y el hombre, y esta es la causa de que el poeta reverencie con una actitud exquisita hasta al más pequeño de los seres, de que no decida los platillos de la balanza que trata de sopesar el valor del alma frente al del cuerpo, a favor de cualquiera de los términos de la comparación. El alma es el cuerpo y el cuerpo es el alma. «Whitman, el único que abrió camino —dice D. H. Lawrence, un autor con tantos puntos de contacto con nuestro poeta—; Whitman, el único pionero. Y solamente Whitman. Ningún poeta inglés, ni francés. Ningún europeo. Los presuntos pioneros europeos son meros innovadores. Él fue el primero en hacer añicos la vieja concepción moral de que el alma del hombre es algo "superior" a la carne, algo que está "por encima" de ésta. Incluso Emerson preservó esta fastidiosa "superioridad" del alma. Ni siquiera Melville pudo superarla. Whitman fue el primer vidente heroico que tomó al alma del pescuezo y la plantó entre los tiestos de barro.» El paralelismo de Whitman con Nietzsche, en la expresión y las ideas, es demasiado palmario para tener que hablar de él.

Se ha dicho que Hegel es el maestro de este rapsoda del hombre moderno. Concha Zardoya ha visto, además, en él influencias filosóficas de Emerson, Carlyle y Fichte. Es cierto; pero siempre que tengamos muy en cuenta dos cosas: que para Whitman las verdades abstractas son verdades muertas, un producto de la caduca sabiduría europea, y que no estamos ante un autor académico, escolar, filósofo en el sentido profesional del término. Vuelve a hablar León Felipe:

No tiene otro titulo ni rótulo a la puerta.
No es doctor,
ni reverendo
ni maese...
No es un misionero tampoco.
No viene a repartir catecismos ni reglamentos,
ni a colgarle a nadie una cruz en la solapa.
Ni a juzgar:
ni a premiar
ni a castigar.
Viene sencillamente a cantar una canción.

En última instancia, su filosofía es tan antigua como la más ancestral cosmovisión elaborada por el hombre. Lo que en él hay de innovador —esta es la paradoja— viene representado por una recuperación de las esencias más genuinas del pensamiento primitivo, un pensamiento que ha quedado sepultado por tantos siglos de cultura abstracta, académica, sistemática, alejada de la vida.

Estoy totalmente de acuerdo con Luis Franco cuando dice: «Por lo genuino, elemental y fundamental de su inspiración y por el esplendor salvaje de su fuerza, el canto de Whitman nos recuerda las más viejas voces: la Biblia, los Vedas, Orfeo. Son la inocencia y la magnificencia de un mundo nuevo donde las cosas aparecen en su rudeza o en su gracia inmaculadas, maravilla que la humanidad no había vuelto a experimentar desde los días de los grandes bardos.»

El artista es, para Whitman, el más humano de los hombres. No se mide la genialidad por el distanciamiento de los demás, sino por la capacidad del poeta para ser versátil, para encarnarse en todos y cada uno de los mortales, para sentir placeres y dolores desde dentro de cuerpos ajenos. Se trata, platónicamente, de reproducir la naturaleza, no de imitarla ni de sublimarla con los encantos de la expresión bien dicha o la chispa de la métrica y la rima. Y ello confiere un marcado aliento de sinceridad a la poesía whitmaniana. Muchas veces parece que el autor está presente en carne y hueso delante del lector, que salta de las páginas del libro para tocarlo. Y es que el poeta es el respondedor —una expresión de Walt— que nada deja sin contestación; el que entra en los corazones porque posee la llave de ellos.

Walt Whitman es, por último, el cantor de la camaradería universal. Su ideal de colectividad es el de una «sociedad de los amigos» —nombre primitivo de la antigua secta de los cuáqueros—. Una de sus palabras más significativas y características es *adhesiveness*, "adhesividad", un término recogido de la jerga de los frenólogos que significa la capacidad para las amistades entre personas del mismo sexo. El poeta sublima sus inclinaciones homoeróticas en un ideal de camaradería universal. Su milagro —dice Fernando Alegría— consiste en «trasmutar la pasión carnal en fervor del espíritu sin perder un ápice de humanidad en el proceso. Lo que pudo ser un complejo sexual se ha sublimado poética y socialmente hasta convertirse en una doctrina personalista y fraternalista de la vida».

Los momentos más vivos de su poesía, los más sinceramente sentidos, son los dedicados a cantar esa camaradería universal. García Lorca, que condenó el vicio escondido y servil, y alabó la sexualidad gratuita, la que se desborda pura e inocente, eligió a Whitman como prototipo de una pansexualidad no pecaminosa. Escuchemos de nuevo al poeta granadino:

Y tú, bello Walt Whitman, duerme a orillas del Hudson
con la barba hacia el polo y las manos abiertas.
Arcilla blanda o nieve, tu lengua está llamando
camaradas que velen tu gacela sin cuerpo.
Duerme, no queda nada.
Una danza de muros agita las praderas
y América se anega de máquinas y llanto.
Quiero que el aire fuerte de la noche más honda
quite flores y letras del arco donde duermes
y un niño negro anuncie a los blancos del oro
la llegada del reino de la espiga.

V

Ciertamente, Whitman no es el retórico del que habla León Felipe, que «saca el cartabón para medir su madrigal». Más bien es un insolente —con esa insolencia propia de quien es hijo de un pueblo joven— que no sólo trata de romper ideológicamente con el pasado, sino también con sus formas de expresión. Rechaza la rima —aunque conserva algunas rimas y consonancias internas—, la cadencia acompañada de los renglones, la regularidad de la estructura, la justa y proporcionada medida, ciertos efectos retóricos. La gran intensidad de sus emociones le induce a romper todas las trabas a la hora de darles expresión lingüística. De este modo, experimenta con combinaciones sorprendentes, longitud irregular del verso, palabras llanas y aun vulgares, neologismos, términos conectados con la frenología, palabras extranjeras, uso de lo que podría llamarse «el vocablo obrero», es decir, la palabra específica para designar el oficio, las herramientas y la técnica de una ocupación manual...

Para dar un dinamismo a la enumeración y a la variación, Whitman hace un uso repetido del gerundio, que a veces no puede —ni debe— respetarse al vertirlo al castellano. Como señala Chari, este uso no es una arbitrariedad suya, sino «un artificio patente mediante el cual presenta los hechos de la única manera en que la conciencia humana los puede aprehender: como una experiencia viva. Whitman suele desdibujar el sentido del tiempo y reducir todos los sucesos al presente viviente».

Repite motivos y principios de versos y logra a veces frases tan sonoras como el sonido de un órgano, sometidas a una cierta métrica que yo he tratado de respetar en mi traducción al castellano. En tales casos, la armonía entre expresión y sentimiento es verdaderamente feliz. Abundan los paralelismos, aliteraciones, antítesis, largas enumeraciones, insuficiente puntuación, versos partidos en dos o tres partes (tres en uno, en realidad). Rechaza, sin rencor ni desprecio, los viejos temas de la poesía europea: la guerra, el romance, la novela, el drama, «los almibarados versos de amor»; y, en su lugar, proclama la libertad frente a la tiranía de las formas y las exigencias de la retórica.

Muy característico de nuestro autor es presentar listados o catálogos —a veces interminables— que, a manera de *flashes* fotográficos, captan el instante fugaz de una escena. Esta lírica del catálogo —dice José María Valverde— anunciaba un nuevo sentido que sólo el siglo XX hallaría en la poesía. Ello hace que fueran mal aceptados en su época. El propio Emerson, que tanto admiró a Whitman, decía: «Esperaba que hiciera los cantos de la nación, pero él parece contento con hacer sus inventarios.» Nuestro Unamuno, por el contrario, basó en esos catálogos su fervorosa defensa del poeta: «Cuando la lírica se sublima y espiritualiza —apuntaba don Miguel— acaba en meras enumeraciones, en suspirar nombres queridos.»

Por otra parte, a nadie escapa el sentido musical de la poesía de Whitman. Lo cierto es que su ritmo libre ejerce un efecto hipnótico y que satisface los oídos más expertos con su sonoridad musical. Toda una catarata de sonidos —cantos de pájaros, rumor del mar, pitidos de trenes, gritos de gentes— se derrama por doquier en muchos poemas. Hay en él líricos preludios, andantes, *scherzos* y hasta sinfonías. Zardoya ha dicho que Whitman es «una especie de Wagner de la palabra poética».

Hoy en día, pocos dudan que Whitman —quizá junto a Baudelaire y Hopkins— es uno de los padres fundadores de la poesía moderna. Si nos preguntamos quién inventó el verso libre, podemos contestar que fue Rimbaud en *Las Iluminaciones*, Jules Laforgue, Gustave Kahn... Pero el primer ejemplo estuvo en las versiones de Whitman, que hizo el poeta franco-norteamericano

Vielé-Griffin. Remy de Gourmont dio a conocer frag-
mentariamente su obra en lengua francesa.

Se ha reconocido el predicamento de Whitman en el
simbolismo de primera hora, y hasta pueden rastrearse sus
huellas en Paul Claudel, André Gide, Emile Verhaeren.
Realmente, la traducción francesa de *Hojas de hierba* que
llevara a cabo Bazalgette hacia 1908 causó un impacto en
el unanimismo, y en él buscaron inspiración Jules Romain,
Georges Duhamel, Charles Vildrac, Henri Ghéon, René
Arcos... En cuanto a algunos autores independientes, las
influencias whitmanianas son evidentes en Larbaud y en
Apollinaire, por citar sólo unos ejemplos.

Lógicamente, Norteamérica acusó la sombra de su po-
eta más ilustre. E. Crossby y H. Traubel se convirtieron
en propagadores de su evangelio. Hay un nombre de men-
ción obligada: Carl Sandburg, pero también pueden des-
cubrirse ecos estilísticos o temáticos de Whitman en po-
etas como Sherwood Anderson, Vachel Lindsay y William
Carlos Williams, aunque quizá el poema *América was
Promises*, de A. MacLeish, constituye el ejemplo más cla-
ro. En Inglaterra, E. Carpenter ha proclamado siempre
su fidelidad al bardo americano. Los alemanes J. Shalff
y K. Knortz fueron devotos suyos, mientras que el ruso
Maiakovski y el israelita André Spire acusan no pocas co-
nexiones.

Respecto a los autores hispanos, se ha llegado a de-
cir que el espíritu de Whitman caló más profundamen-
te en ellos que en los propios ingleses. Varios autores
que escriben en castellano se han interesado por Whit-
man. Así, Pérez de Ayala, en el poema «La última no-
via», incluido en su libro *El sendero innumerable*, re-
produce fragmentos del «Canto a mí mismo»; Ramón
de Basterra, León Felipe —que tradujo el «Canto a mí

mismo»—, Rubén Darío, José Martí —a quien se debe el primer estudio de Whitman en castellano—, Neruda —que reconoce que fue su maestro en poesía—, habrían de figurar en toda rápida enumeración que tratara de recoger los ecos del bardo americano en autores en lengua castellana. Lo mismo cabe decir de los uruguayos Armando Vasseur —que tradujo la primera selección de sus poemas— y Carlos Sabat Ercasty, el peruano Carlos Parra del Riego, los argentinos Luis Franco y E. Martínez Estrada, los chilenos Pedro Prado y Luciano Morgand... Debemos, además, a Borges la traducción de una selección de *Hojas de hierba*.

A esta tradición —ya rica— de influencias hispanoamericanas de Whitman viene hoy a sumarse mi versión. No es tarea fácil traducirle, pese a que el castellano es un idioma infinitamente más rico que el inglés para expresar los sentimientos whitmanianos, mantener su fuerte sonoridad y lograr los efectos buscados por el poeta. Si el lector no lo comprueba en las páginas que siguen, será por defecto del traductor más que por carencia de la expresión original o por defecto del castellano. Recordemos, en compensación, el sonoro y rotundo soneto que Rubén Darío dedicó al juglar de Long Island:

En su país de hierro vive el gran viejo,
bello como un patriarca, sereno y santo.
Tiene en la arruga olímpica de su entrecejo,
algo que impera y vence con noble encanto.
Su alma del infinito parece espejo;
son sus cansados hombros dignos del manto;
y con arpa labrada de un roble añejo,
como un profeta nuevo canta su canto.
Sacerdote que alienta soplo divino,

anuncia en el futuro tiempo mejor.
Dice al águila: «¡vuela!», «¡boga!» al marino,
y «¡trabaja!» al robusto trabajador.
¡Así va ese poeta por su camino
con su soberbio rostro de emperador!

VI

De todo el material poético que compone *Hojas de hierba*, el «Canto a mí mismo» constituye el poema más conocido a la vez que el más extenso. Apareció en la primera edición de la obra de Whitman (1855), ocupando más de la mitad del volumen, aunque es de sospechar que el autor modificó algunos de sus versos en ediciones posteriores. En esta primera edición, este poema aparecía sin título; en la segunda, del año siguiente, era denominado «Poema de Walt Whitman, un americano».

Se ha criticado de él su carácter egotista, sin comprender que el egotismo de Whitman no responde a la definición académica («sentimiento exagerado de la propia personalidad»), sino que debe ser entendido dentro de su concepción filosófica del sí-mismo. Éste no es concebido por el poeta como el íntimo y profundo ser personal; se trata, más bien, del Ser universal manifiesto en el hombre; y, en este sentido, se opone al «ego» o «yo» fenoménico. Dicho de otra manera, el «Canto a mí mismo» es, en realidad, un canto a todos los hombres identificados con la naturaleza entera.

El largo poema está dividido en 52 fragmentos y constituye un espléndido retablo de la temática y el estilo más puramente whitmanianos. Por otra parte, manifiesta una unidad dentro de la posible conjunción que cabe encontrar en todas las *Hojas de hierba*: empieza con una presentación del poeta, en la que hace una especie de formulación de intenciones, y acaba con una emocionada despedida.

Todos los grandes temas en torno a los cuales se articula la inspiración de Whitman se hallan presentes en el «Canto»: Dios, la naturaleza, el cuerpo, la vida y la muerte, el amor, la camaradería, mientras que el tema de la democracia, que tendrá una importancia primordial en poemas posteriores, sólo aparece levemente apuntado. El «Canto», además, se escribe en un momento en que todavía Whitman no ha sido afectado por los dos acontecimientos que dejaran una huella profunda en su espíritu: la guerra de Secesión y su ulterior enfermedad.

Todo el poema está transido de un sensualismo manifiesto (ver, por ejemplo, los fragmentos 24, 28 y 29), que muy hábilmente el autor transfiere a la naturaleza toda. No obstante, hay fragmentos (5, 41, 43, 48) en los que prima una dimensión religiosa, bien entendido que se trata más bien del *Deus sive Natura* de Spinoza que del Dios personal y trascendente del cristiano.

En el conjunto destacan espléndidos frescos en los que el poeta capta todo el colorido de escenas pintorescas de su país (10, 12, 33) o cuenta una serie de hechos históricos. Alude, así, al naufragio del «San Francisco», buque que partió el 22 de diciembre de 1853 con destino a Sudamérica y fue arrasado por una tormenta a unos cientos de millas de la costa (fragmento 33). También relata la masacre ocurrida en Goliad, Texas, el 27 de marzo de 1836, donde los mexicanos fusilaron a la compañía del capitán Fannin (fragmento 34), y describe con tintes muy vivos el combate marítimo que sostuvo el «Bonhomme Richard», mandado por John Paul Jones, a cuyas órdenes luchó el abuelo materno del poeta, contra el barco británico «Serapis», el 23 de septiembre de 1779 (fragmentos 35 y 36).

Hay algunos momentos del poema realmente espléndidos. José María Valverde, por ejemplo, ha escogido el fragmento 42. Havelock Ellis, por su parte, ha dicho que los versos del fragmento 11 «por su simplicidad y grandeza no son inferiores a los de Homero».

En ocasiones, el poeta se presenta como un auténtico maestro que enseña a otros a vivir (fragmento 4), lo que a veces confiere al poema un carácter eminentemente evangélico (fragmentos 19, 38, 46, 48), si bien el «evangelio» que predica Whitman sólo conserva semejanzas con el cristiano en cuanto a actitudes y metáforas, pero no respecto al contenido doctrinal y la esencia del mensaje.

Los grandes listados de los que antes hablaba, y que caracterizan el estilo de Whitman, suelen ser frecuentes en el «Canto» (véanse, por ejemplo, los fragmentos 15, 26 y 33).

Pero, ante todo y sobre todo, uno de los temas más frecuentes del poema es el de la muerte (fragmentos 6, 7, 38, 40, 49, etc.), que aparece íntimamente asociado con el del comienzo de la vida (fragmento 49). El espacio y el tiempo son considerados prácticamente como infinitos, lo que hace que la evolución cósmico-biológica tenga un carácter necesario (45). La aparición de nuestro ser es, pues, el resultado de un larguísimo proceso de gestación que tiene incluso un carácter cósmico (44). Ello determina que hasta los hechos más pequeños o los seres más insignificantes tengan un sentido y cumplan un papel en la gran armonía del conjunto (fragmentos 14, 16, 18, 30, 31). Comprender esta identidad de los contrarios, esta unidad total y armónica es fuente inagotable de alegría (50). Whitman se siente, así, identificado con todos (16, 31, 37), incluyendo a los animales (13, 32...)

En suma, el «Canto a mí mismo», como dice León Felipe, «es el momento más luminoso de Walt y en él están contenidos su doctrina y su mensaje». Es «su gran poema polifónico», en el que «no falta ningún instrumento, ninguna voz, ningún paisaje...». La voz del «magnifico haragán», del infatigable vagabundo, del camarada universal, vuelve otra vez a sonar sobre los tejados del mundo. Esta vez su palabra será castellana. Sólo deseo al lector que la poesía de Whitman le produzca los íntimos goces y le suscite los bellos pensamientos que a mí me produjo y suscitó la lectura del original inglés.

BIBLIOGRAFIA

Edición en inglés

La edición más completa y reciente de *Leaves of Grass* es la que ha estado al cuidado de Harold W. Blodgett y Sculley Bradley, Nueva York University Press, 1965; incluye los prefacios de distintas ediciones, el trabajo en prosa «Mirada retrospectiva a los caminos recorridos», el anexo póstumo «Ecos de la vejez», así como los poemas y fragmentos eliminados de *Hojas de hierba* y los publicados en otros lugares. Forma parte de *The Collected Writings of Walt Whitman*, edición dirigida por Gay Wilson Allen y Sculley Bradley (15 volúmenes).

El lector castellano que desee conocer el texto inglés de Whitman encontrará más asequible la edición bilingue inglés-castellano de *Hojas de hierba* a cargo de Leandro Wolfson, Buenos Aires: Ediciones Librerías Fausto, 1976.

Ediciones en castellano

ALEXANDER, F. (traductor): *Hojas de hierba*, Quito, Casa de la Cultura Ecuatoriana, 1957; 2.ª ed., México, Novaro 1964, ambas ediciones incluyen un preám-

bulo del traductor, y la 2.ª ed. también un prólogo de
Sculley Bradley.

BORGES, J. L. (traductor): *Hojas de hierba*, Buenos Aires,
Juarez Editor, 1969; 2.ª ed., Barcelona, Lumen, 1972.
Incluye un prólogo del traductor y un estudio crítico
de Guillermo Nolasco Juárez.

LEÓN FELIPE (traductor): *Canto a mí mismo*, Buenos
Aires, Losada, 1941; 9.ª ed., 1978; incluye. un pró-
logo en verso del traductor y un epílogo de Guillermo
de Torre.

VASSEUR, A. (traductor): *Walt Whitman. Poemas,*
Valencia, Sempere, 1912; 2.ª ed., Montevideo, Claudio
García y Cía., 1939; 2.ª ed., Buenos Aires, Schapire,
1944. Incluye una introducción del traductor.

WOLFSON, L. (traductor): *Hojas de hierba*, Buenos Aires,
Ediciones Librerías Fausto, 1976; selección y notas
del traductor; contiene una abundante bibliografía,
de la que nos hemos servido para confeccionar la pre-
sente.

ZARDOYA, C. (traductora): *Obras escogidas*, 3.ª ed.,
Madrid, Aguilar, 1960. Contiene un prólogo de John
van Horne; notas, ensayo biográfico-crítico y bi-
bliografía de la traductora.

MAÑE GARZÓN, P. (traductor): *Poesía completa*, 3 volú-
menes, Barcelona, Ediciones 29, Libros Río Nuevo,
1978-80.

Obras sobre Walt Whitman

No se consignan los prólogos y estudios incluidos
en las ediciones de las obras de Whitman acabadas de
citar.

ALEGRÍA, F.: *Walt Whitman en Hispanoamérica*, México, Studium, 1954.

ALLEN, G. W.: *The Solitary Singer. A Critical Biography of Walt Whitman*, New York Universitv Press, 1967

— *A Reader's Guide to Walt Whitman,* New York Farrar, Straus and Giroux, 1970.

ASSELINAU, R.; *L'Evolution de Walt Whitman*, París, Didier, 1954.

CANBY, H. S.: *Walt Whitman, un americano*, Buenos Aires, Poseidón, 1946. Es traducción del inglés.

CHAWLEY, Th. E.: *The Structure of «Leaves of Grass»* Austin y Londres, University of Texas Press, 1970.

CHARI, V. K.: *Whitman in the Light of Vedaṇṭic Mysticism*, Lincoln, University of Nebraska Press, 1964.

DUTTON, G.: *Walt Whitman*, Edimburgo y Londres, Oliver and Boyd, 1961.

ELLIS, H.: *The New Spirit*, Washington, DC, National Home Library Foundation, 1935.

FANER, R. D.: *Walt Whitman and Opera*, Filadelfia, University of Pennsylvania Press.

FRANCO, L.: *Walt Whitman*, Buenos Aires, Americalee, 1945.

FREYRE, G.: *O Camarada Whitman*, Livraria José Olympo Editora, 1948.

HINDUS, M. (Ed.): *«Leaves of Grass» One Hundred Years After*, Stanford, Stanford University Press, 1966.

JAÉN, D. T.: *Homage to Walt Whitman*, University of Alabama Press, 1969.

KAHLER, E.: *La torre y el abismo*, Buenos Aires, Fabril Editora, 1959. Es traducción del inglés.

MILLER, E. H.: *Walt Whitman's Poetry. A Psychological Journey*, New York University Press, 1969.

MILLER, J. E.: *A Critical Guide to «Leaves of Grass»*, Chicago y Londres, The University of Chicago Press, 1957.

— *Semblanza de Walt Whitman,* México, Librería Carlos Cesarmán, 1970. Es traducción del inglés.

— y otros: *Start with the Sun: Studies in the Whitman Tradition*, Lincoln, University of Nebraska Press, 1960.

MONTOLIÚ, C.: *Walt Whitman, el hombre y su obra,* Buenos Aires, Poseidón, 1941.

MUMFORD, L.: *La condición del hombre,* Buenos Aires Fabril Editora, 1960. Es traducción del inglés.

TORRES-RÍOSECO, A.: *Walt Whitman*, San José de Costa Rica, J. García Monge, 1922.

TRAUBEL, H.: *With Walt Whitman in Camden* (5 volúmenes), New York, Mitchel Kennerly, 1914.

WINWAR, F.: *American Giant: Walt Whitman and his Times*, New York, Harper and Brothers, 1941.

DEDICATORIAS

Esto no es un libro. Quien lo toca está tocando a un hombre.

He sabido que buscabais algo que os ayudara a descifrar
    el enigma del Nuevo Mundo y a definir América, su
    democracia atlética...
Por eso os envío mis poemas, para que halléis en ellos
    lo que necesitáis.

Tú, lector, vida palpitante, orgullo y amor, lo mismo que yo,

Para ti, pues, los cantos que aquí tienes.
No me cerréis vuestras puertas, orgullosas bibliotecas,
Porque lo que faltaba en vuestros anaqueles tan surtidos,
Y de lo que se tiene gran necesidad, lo traigo;
Al acabar la guerra he escrito un libro.
Las palabras de mi libro no son nada, pues su significa-
    do emana de cada cosa (todas tienen su alma).
Un libro aislado, sin relación con otros, no sentido con
    la inteligencia,
Sino que, en cada página, irá a estremecer cosas, en es-
    tado latente, nunca dichas.

WALT WHITMAN

CANTO A MÍ MISMO

1

Yo me celebro y me canto,
Y de lo que me apropie te debes apropiar,
Pues cada átomo mío te pertenece.
Ando vagabundo e invito a mi alma a que también lo haga,
Ando vagabundo y me tiendo a mis anchas a mirar un
    tallo de hierba estival.
Mi lengua, cada átomo de mi sangre, se formaron de este
    suelo, de este aire,
Nacido aquí, de padres cuyos padres aquí también na-
    cieron, al igual que sus padres,
A mis treinta y siete años, con una salud perfecta,
He empezado a vivir, y sólo espero no dejar ya de ha-
    cerlo hasta mi muerte.
Que se callen ahora las escuelas y credos,
Me sirvieron y nunca he de olvidarlo,
Acojo el bien o el mal, dejo que todo hable sin impor-
    tarme el riesgo,
A la naturaleza sin frenos con su energía originaria.

2

Las casas y las alcobas están llenas de perfumes, im-
    pregnados de perfumes están los anaqueles,

Aspiro esa fragancia, la conozco y me gusta,
Pero su aroma puede también emborracharme, y no he
de consentirlo.
El aire no tiene perfume alguno, no exhala ni un aroma,
no hay nada en él que huela,
Está hecho para mi boca, me he enamorado de él
Iré hasta la ribera, junto al bosque y, desnudo,
Gozaré como loco de su dulce contacto.
El vaho de mi aliento,
Ecos, olas, susurros, raíces amorosas, hilos de seda, hor-
quillas donde la vid descansa,
Mi lento respirar, latir de mis entrañas, sangre y aire que
inundan mis pulmones,
El olor que despiden las hojas verdes y las hojas secas,
la playa con sus rocas oscuras, el heno en el pajar,
El sonido de mis palabras perdidas en los remolinos del
viento,
Unos besos fugaces, algunos abrazos, un seguir con mis
manos la silueta de un cuerpo,
El juego de luces y sombras que proyectan los árboles
al mecer de sus frágiles ramas,
El placer de estar solo o en el bullir de las calles o por
campos y cerros,
El sentir que estás sano bajo la luna llena, mi canción al
levantarme de la cama y contemplar el sol.
¿Creías que bastaban mil acres de terreno, que la Tierra
es muy grande para ser abarcada?
¿Has practicado tanto como para saber leer, para sentir-
te orgulloso de captar el significado de cualquier poe-
ma?
Quédate conmigo este día y esta noche y poseerás el ori-
gen de todos los poemas,

Serás dueño de todo lo bueno que hay en la Tierra y en
   el Sol (y hay millones de soles más allá),
Y nada aceptarás que venga de segunda o tercera mano,
   ni mirarás con los ojos de los muertos, ni te alimen-
   tarás con espectros de libros,
Ni siquiera mirarás con mis ojos, ni aceptarás las cosas
   de mis manos,
Oirás toda voz por ti mismo y serás tú quien la filtre con
   tu ser.

3

He oído lo que decían los charlatanes sobre el principio
   y el fin,
Pero yo no hablo del principio y del fin.
Jamás hubo otro principio que el de ahora, ni más ju-
   ventud o vejez que las de ahora,
Y nunca habrá otra perfección que la de ahora,
Ni más cielo o infierno que éstos de ahora.
Instinto, instinto, instinto,
Siempre el instinto procreando el mundo.
Surgen de la sombra los iguales, opuestos y comple-
   mentarios, siempre sustancia y crecimiento, siempre
   sexo,
Siempre una red de identidades, siempre distinciones,
   siempre la vida fecundada.
De nada vale trabajar con primor; cultos e ignorantes lo
   saben.
Seguro como lo más seguro, enclavado con plomo en las
   columnas, abrazado al poste firme,
Fuerte como un caballo, afectuoso, soberbio, eléctrico,
Yo y este misterio aquí estamos frente a frente.

Limpia y tierna es mi alma, y limpio y tierno es todo lo
que no es mi alma,
Si falta uno de los dos, ambos faltan, y lo visible es prue-
ba de lo invisible,
Hasta que se vuelva invisible y haya de ser probado a su
vez.
Cada época ha humillado a las otras enseñando lo me-
jor y desechando lo peor,
Y yo, como conozco la perfecta justeza y la eterna cons-
tancia de las cosas,
No discuto, me callo, y me voy a bañarme para admirar
mi cuerpo.
Hermoso es cada uno de mis órganos y de mis atributos,
y los de todo hombre bello y sano,
Ni una pulgada de mi cuerpo es despreciable, y ni una
debe ser menos conocida que las otras.
Me siento satisfecho: miro, bailo, río, canto;
Cuando mi amante compañero de lecho, que ha dormi-
do abrazado a mí toda la noche, se va con paso que-
do al despuntar el alba,
Dejándome cestas cubiertas con lienzos blancos que lle-
nan con su abundancia mi casa,
Yo las acepto con naturalidad, ¿pues habría de tasarlas
hasta el último céntimo para conocer exactamente el
valor de su regalo?

4

Viajeros y preguntones me rodean,
Personas que encuentro a mi paso, huellas que me dejó
la infancia, el barrio o la casa donde vivo, o el país,
Los últimos aniversarios, descubrimientos, invenciones,
sociedades, viejos y nuevos autores,

Mi comida, mi ropa, compañeros, miradas, cumplidos y deberes,

La indiferencia real e imaginada de alguien a quien quiero,

Mis dolencias o las de los míos, contrariedades, pérdidas o falta de dinero, abatimiento o exaltación,

Las batallas, el horror de la guerra entre hermanos, la ansiedad ante la noticia que no acaba de llegar, el suceso irremediable,

Todo esto viene y se aleja de mí noche y día,

Pero no es mi Yo.

Más allá de vaivenes y tensiones se eleva lo que soy,

Se alza alegre y ocioso, compasivo, unitario,

Me inclino, me alzo apoyando los brazos en algún sostén impalpable,

Oteando con la cabeza doblada lo que va a suceder,

Dentro y fuera del juego, mirando y asombrado.

Miro hacia atrás y me veo debatiéndome entre la niebla con lingüistas y disputadores,

No hay en mí burlas ni razonamientos; sólo miro y espero.

5

Creo en ti, alma mía, pero el otro que yo soy no ha de humillarse ante ti,

Y tú no debes humillarte ante él.

Túmbate conmigo en la hierba, deja en paz tu garganta,

No preciso palabras, ni músicas, ni versos, ni costumbres, ni frases, aunque sean las mejores.

Sólo tu arrullo quiero, tu susurro y tu voz confidente.

¿Recuerdas una clara mañana de verano?

Descansabas tu cabeza en mis rodillas y te volviste dulcemente hacia mí.

Abriste mi camisa junto al pecho buscando con tu lengua mi corazón desnudo,

Después te alzaste hasta hundirte en mi barba tocando al mismo tiempo la punta de mis pies.

Supe entonces, de pronto, que el saber y la paz sobrepujan en mucho las disputas terrenas,

Y ahora sé que la mano de Dios me ha sido prometida,

Que el espíritu de Dios es hermano del mío,

Y que todos los hombres nacidos son también mis hermanos, que todas las mujeres son hermanas y amantes,

Y que un solo germen de la creación es amor;

Que son infinitas las hojas de los bosques o las que caen marchitas,

Y las negras hormigas tras las hojas y surcos,

Y el musgo de las vallas, las piedras apiladas, el saúco, el verbasco y el ombú.

6

«¿Qué es la hierba?», me dijo un niño con sus manos cargadas.

¿Qué podía contestarle, si tampoco lo sé?

Quizás sea la bandera de mi alma tejida con sustancia de verdes esperanzas.

O el pañuelo de Dios, un regalo fragante que se pierde a sabiendas;

Tal vez en uno de sus extremos lleva un nombre bordado para que al verlo digamos: «¿de quién es?».

O quizás es la hierba ella misma un chiquillo tierno re-
toño de la vegetación.
¿Es tal vez un jeroglífico uniforme cuyo significado es
brotar por igual en tierras anchas y estrechas,
Crecer entre negros y blancos?;
Canadiense, piel roja, senador, inmigrante, a todos os
acoge y se os da por igual.
Y ahora se me antoja que es el largo cabello que her-
mosea las tumbas.
Te usaré tiernamente, dulce hierba rizada,
Pues quizá seas sudores exhalados por los pechos de jó-
venes,
A los que hubiese amado de haberlos conocido.
Acaso brotaste de los ancianos o de niños separados muy
pronto de sus madres,
Y ahora eres tú el regazo de esas madres.
Pero esta hierba es demasiado oscura para ser los cabe-
llos de las viejas madres,
Demasiado oscura para ser la descolorida barba de los
ancianos,
Demasiado oscura para brotar de tiernos paladares ro-
sados.
Percibo también tantas lenguas que hablan,
Y comprendo que no surgen en vano sus desarticuladas
voces,
Quisiera poder traducir lo que cuentan de los muchachos
y de las muchachas muertos,
De los viejos y de las madres, de los niños que queda-
ron demasiado pronto sin protección.
¿Qué crees que ha sido de los jóvenes y de los viejos?
¿Qué crees que ha sido de las mujeres y de los niños?
Todos están vivos y sanos, y en algún lugar nos esperan,

El más corto retoño es una prueba de que la muerte no
     existe,
Y si alguna vez existió dejó paso a la vida; no está aguar-
     dando al final del camino para detener su marcha:
Dejó de existir desde el momento en que existió la vida.
Todo crece y se extiende; nada, pues, se destruye,
Y morir es distinto de lo que suponemos, y de mejor for-
     tuna.

7

¿Habéis pensado que es una suerte haber nacido?
Pues yo os digo que morir no es suerte peor, y sé a qué
     me refiero.
Agonizo con los que mueren y nazco con los niños a
     quienes los pañales recogen.
Mi yo no es sólo lo que hay entre mis botas y mi som-
     brero,
Examino la variedad inmensa de lo existente: nada hay
     igual y todo ello es bueno,
Buena la tierra, buenos los astros y cuanto ellos con-
     tienen.
Yo no soy sólo tierra, ni lo que hay en la tierra:
Soy el esposo y el compañero de todo ser humano, in-
     mortal e insondable como yo,
(Ellos ignoran que son inmortales, pero yo lo sé).
Cada especie para sí y para lo suyo, para mí los hom-
     bres y las mujeres de mi especie,
Para mí los adolescentes que acabarán amando a las mu-
     jeres,
Para mí el hombre orgulloso que no puede consentir que
     le desprecien,

Para mí la novia y la virgen madura, para mi la madre y
las madres de las madres,
Para mí los labios que saben de sonrisas y los ojos que
conocen las lágrimas,
Para mí los niños y quienes los engendran.
Desnúdate. Yo no te veo culpable, ni marchito, ni inú-
til;
Además puedo verte a través de tus ropas.
Y te cerco constante, codicioso, incansable.
No me puedes echar.

8

El niño duerme en su cuna,
Alzo el tul y le miro largamente, ahuyentando en silen-
cio las moscas con la mano.
El adolescente y su rubia compañera se alejan por la es-
pesura de la colina,
Desde arriba los espío.
El suicida yace sobre el suelo ensangrentado de la al-
coba,
Veo su cadáver, sus cabellos manchados y el lugar don-
de cayó la pistola,
El bullir de la calle, las llantas de los carros, el pisar de
las botas, las charlas del paseo,
El ómnibus pesado, el cochero en busca de clientes, el
resonar de los cascos en el empedrado,
El cascabeleo de los trineos, y las bromas a gritos, las
batallas de nieve,
Los vítores a los héroes populares, el furor de las masas,

El paso rápido de la camilla con el enfermo que llevan
   al hospital;
El encuentro de los enemigos, la blasfemia de pronto,
   los golpes y caídas,
La gente enardecida, el policía con su estrella en el pe-
   cho abriéndose paso a través del corrillo,
Las rocas impasibles que recogen y devuelven tantos
   ecos,
Los gemidos de los saciados y de los hambrientos, de
   los que sufren un ataque o una insolación,
Los gritos de las parturientas desprevenidas que corren
   a sus casas a dar a luz,
Las palabras que viven enterradas y que siguen vibran-
   do, el grito que el recato reprime,
El arresto de los criminales, el desaire, las propuestas de
   adulterio, los consentimientos, las negativas apenas
   sugeridas...
Todo lo observo en sí mismo o en sus resonancias;
Llego y me vuelvo a marchar.

9

Las grandes puertas del granero esperan abiertas.
Los pastos secos de la cosecha que colman el perezoso
   carro.
La clara luz arranca tintes pardos y verdes.
Los apretados haces se apilan en el pajar repleto.
Ahí estoy yo ayudando, vine tumbado sobre la carga,
Sintiendo el dulce traqueteo, con las piernas cruzadas,
Salto ahora al suelo, y saco ya a brazadas el trébol y la
   alfalfa,

Y me revuelco luego con la hierba enredando mis cabellos.

10

Me voy a cazar solo por los cerros y los montes solitarios,
Disfruto andando a mi capricho, asombrado de mi agilidad y hasta de mi gozo;
Cuando oscurece busco un lugar seguro donde pasar la noche,
Enciendo un fuego y aso la pieza recién cobrada,
Y me echo a dormir sobre un montón de hojas con mi perro y mi escopeta.
El clíper yanqui, a velas desplegadas, corta los destellos y las nubes de espuma,
Mis ojos atisban la costa, me inclino sobre la proa o grito contento desde cubierta.
Los boteros y los pescadores de almejas se levantaron al alba y esperaron mi regreso;
Me metí el pantalón entre las botas y me fui con ellos a pasar un buen rato.
¡Deberías haber estado con nosotros en torno a la caldera de almejas!
He estado en la boda de un trampero, al aire libre en el lejano Oeste, la novia era una muchacha piel roja;
Su padre y sus amigos estaban allí cerca, con las piernas cruzadas y fumando en silencio;
Calzaban mocasines y cubrían sus hombros con grandes y gruesas mantas.
A la orilla del río aguardaban los novios: él enteramente vestido de pieles, con la larga melena y la rizada barba ocultándole el cuello; la novia de la mano:

Una muchacha de largas pestañas, cabeza al descubierto, cabellos al aire sin peinar, descendiendo largos por su insinuante silueta.

El esclavo huido se detuvo al llegar a mi casa,

Oí el crujido de las ramas secas bajo sus pies;

Por la puerta entornada de la cocina le vi tambalearse sin fuerzas,

Me acerqué al tronco donde se había sentado y le invité a que entrara sin temor;

Traje agua y lavé su sudado cuerpo y sus pies heridos,

Le ofrecí un cuarto junto al mío y le di ropas limpias de abrigo.

Aún recuerdo sus ojos asombrados y sus gestos de inquietud;

Recuerdo las vendas que le puse en el cuello y en los tobillos.

Una semana se quedó conmigo hasta que se repuso y siguió su camino hacia el Norte.

Yo le sentaba a la mesa junto a mí mientras mi fusil cargado descansaba en un rincón.

11

Veintiocho muchachos se bañan en el río,

Veintiocho muchachos y todos muy amigos;

Veintiocho femeninos y solitarios años tiene ella...

Suya es la hermosa casa que se alza en la orilla,

Desde la que, lujosamente vestida, observa oculta tras las cortinas del balcón.

¿Cuál de los muchachos le gusta más?

¡Hasta el menos agraciado le parece hermoso!

¿A dónde vas, señora? Porque la he visto:

Chapotea en el agua, aunque no se mueva de su alcoba;
Bailando y riendo una bella muchacha se ha unido a los
bañistas,
Ellos no la ven, pero ella los ha visto y amado.
Las barbillas de los jóvenes brillaban mojadas, corría el
agua por sus largos cabellos,
Y en pequeños arroyos acariciaba sus cuerpos.
También una mano invisible acaricia ahora sus carnes,
Desciende temblorosa por sienes y por pechos,
Los jóvenes flotan de espaldas enseñando sus vientres,
que blancos asoman bajo el sol, no se preguntan quién
los estrecha contra sí,
No saben quién suspira y se inclina sobre ellos, suspen-
sa y curvada como un arco,
Ni imaginan a quién salpican con la espuma que levan-
tan sus manos.

12

El muchacho del carnicero se quita los avíos de matar o
afila los cuchillos sobre la tabla del mercado,
Me paro por distraerme con sus graciosas salidas y con
sus ademanes como de pasos de baile.
Los herreros, con sus torsos velludos y tiznados, rode-
an el yunque,
Cada uno esgrime su martillo, están exhaustos, hace mu-
cho calor junto a la fragua.
Desde el umbral de la herrería, salpicado de escoria, sigo
sus movimientos,
La flexible rotación de sus cinturas se acompasa a la ac-
ción de sus fornidos brazos.
Caen los martillos desde lo alto, tan lentos, tan seguros,
Ninguno se precipita y cada uno golpea en el lugar exacto.

El negro sujeta con firmeza las riendas de sus cuatro caballos, y el carro se vence bajo el peso de la cadena.

Firme y alto, guía el carro de la cantera sosteniéndose con un pie en el pescante,

Su camisa azul descubre el ancho cuello y el pecho para caer aflojada sobre la faja.

Su mirada es serena y dominante; levanta con la mano el ala del sombrero.

Cae el sol sobre su crespo pelo, cae sobre el azabache de sus miembros brillantes y perfectos.

Contemplo a ese gigante pintoresco y le quiero; ya no me quedo quieto,

Y me voy yo también con sus cuatro caballos.

Hay alguien en mí que acaricia la vida donde quiera que vaya, me hace andar hacia arriba y abajo,

Absorbiéndolo todo para mi propio ser y para mi canción.

Bueyes que hacéis rechinar el yugo y la cadena, o que pastáis tranquilos en los campos umbríos, ¿qué expresan vuestros ojos?

Mucho más, me parece, que las letras impresas que he leído en los libros.

Vagando el día entero me pierdo por el bosque y mis pasos asustan a los gansos, al macho y a la hembra,

Alzan juntos el vuelo y describen mil curvas,

Creo que su vuelo está preñado de designios,

Y siento que su verde y su violeta, su empenachada cabeza, tienen una intención,

Y noto cómo se remueve en mi alma el rojo, el amarillo, el blanco...

No juzgo indigna a la tortuga por ser como ella es,

Y el grajo que no sabe de escalas musicales canta bien
    para mí,
Y la mirada de esa yegua baya me hace avergonzarme
    por mi simpleza.

14

En medio de la noche fría el ganso silvestre guía su ban-
    dada,
Su graznido me llega como una invitación,
Tal vez el orgulloso no le encuentra sentido, pero escú-
    chalo atento y verás su propósito y el papel que le
    toca en el cielo invernal.
El alce ligero, el gato en el umbral, el vencejo y el topo,
La cerda que gruñe al mamar de sus crías,
La pollada de la pava bajo sus alas entreabiertas,
Se mueven por la misma ley por la que yo me muevo.
La presión de mis pies en la tierra levanta centenares de
    afectos,
Que se burlan cuando trato de expresarlos.
Estoy enamorado de cuanto al aire libre crece,
De los hombres que viven con ganados o sienten el bos-
    que o el océano,
De los que construyen barcos y de quienes los pilotan,
    de los que hacen hachas y de los jinetes,
Podría comer con ellos semanas y semanas.
Lo más común, lo más sencillo, lo cercano y lo fácil, eso
    mismo soy yo;
Confía en el azar, me derrocho buscando nutridos bene-
    ficios,
Me adorno para darme al primero que pase,
No busco que sea el cielo quien hasta mí descienda,
Yo soy el que me doy libremente y sin tasa.

Canta la contralto limpiamente en la galería del coro,
El carpintero alisa la madera con el cepillo que cecea
impetuoso cantando su canción,
Los hijos casados y solteros acuden al hogar para la cena
de aniversario,
El piloto con sus fornidos brazos hace girar el timón,
El patrón se dispone en el barco ballenero, lanzas y ar-
pones listos,
El cazador de patos avanza silencioso en marcha caute-
losa,
Juntas las manos, el diácono aguarda ser ordenado sa-
cerdote,
Se mueve la hilandera al ritmo de su rueca,
Pasea dominguero el labrador y se para de pronto para
ver la crecida del centeno y la avena,
Al loco sin remedio lo llevan a la clínica
(Nunca más dormirá, como solía, en la cama de al lado
de su madre);
El impresor, grises sus cabellos, sus mejillas hundidas,
manipula en su caja,
Masca el tabaco y sus ojos se nublan ante su manuscrito;
Atan un cuerpo deforme a la mesa de operaciones,
Y los miembros que amputan caen en un horrible balde;
el borracho cabecea junto a la estufa del bar,
La mulata es vendida en pública subasta,
Se arremanga el maquinista la camisa, el policía ronda
la calle, el portero observa a los que pasan,
El muchacho conduce sus vagones (yo lo quiero, aun-
que no lo conozca);
El mestizo se ajusta las botas para participar en la ca-
rrera,

Jóvenes y viejos se reúnen en las cacerías de patos del
Oeste, unos se apoyan en sus rifles, otros se sientan
en los troncos,
Un tirador se separa de la gente, toma posición, y apunta;
Grupos de nuevos inmigrantes llenan el embarcadero y
los muelles,
Los negros de rizados cabellos trabajan en el campo de
cañas mientras el capataz los vigila desde la mon-
tura;
La trompeta llama al baile, los caballeros corren a bus-
car pareja, los bailarines se saludan;
El adolescente, desvelado en la cama, escucha la can-
ción de la lluvia al caer sobre el tejado de cedro;
Los cazadores de Michigan ponen trampas en el arroyo
que alimenta el río Huron;
La india piel roja, envuelta en su manta de bordes ama-
rillos, ofrece en venta mocasines y bolsos de cuentas;
El entendido recorre la exposición, entrecerrando los
ojos e inclinando la cabeza hacia uno y otro lado;
Los marineros echan las amarras desde cubierta y tien-
den la escala para que desembarquen los pasajeros;
La hermana pequeña sostiene la madeja mientras la ma-
yor va haciendo un ovillo, deteniéndose a intervalos
para deshacer los nudos;
La esposa que se casó hacía un año se ha repuesto del
parto y es feliz con su hijo de siete días,
La muchacha yanqui de rubios cabellos se afana so-
bre la máquina de coser o trabaja en la fábrica de
hilados;
El picapedrero empuña la maza con las dos manos, el
lápiz del periodista vuela sobre las hojas de su libre-
ta, el publicista pinta un anuncio de oro y azul;

El muchacho del canal corre por el camino del remolcador, el tenedor de libros revisa las cuentas, el zapatero encera los cabos y el director de orquesta marca el compás y los cantantes le siguen;

Bautizan a un niño y el converso hace su profesión de fe;

Ha empezado la regata y los balandros surcan la bahía (¡cómo brillan sus blancas velas bajo el sol!);

El pastor vigila su ganado y da voces a las reses que intentan desviarse,

Suda el buhonero con su carga a la espalda mientras el comprador le regatea unos centavos;

La novia alisa su vestido blanco, el minutero del reloj avanza lentamente,

El fumador de opio dormita, con la cabeza rígida y los labios entreabiertos;

Pasa la ramera arrastrando su chal con el sombrero de lado y su cuello cubierto de granos,

La gente se ríe de sus palabrotas, los hombres se burlan entre señas:

(Infeliz, yo no me río ni de ti ni de tus palabrotas);

El presidente se ha reunido con el consejo de ministros,

Tres señoras caminan con empaque por la plaza cogidas del brazo,

La tripulación del barco de pesca amontona la carga en la bodega,

Gentes del Missouri cruzan las llanuras con el ajuar a cuestas y arreando los ganados;

El cobrador del tren pide que le paguen los billetes haciendo sonar unas monedas;

Los entarimadores ponen los suelos, los hojalateros chapan los techos, los albañiles piden argamasa,

Pasan los peones en fila con sus cubos al hombro,

Año tras año, hoy, fiesta de la independencia, se congrega una inmensa muchedumbre entre las salvas del cañón y de la fusilería;

Año tras año, ara el sembrador, siega el cosechero y el grano cae sobre la tierra invernal;

El colono clava a fondo el hacha en los troncos que rodean el llano;

Los que tripulan la gabarra atracan junto al algodonal o a la sombra de los castaños,

Los buscadores de mapaches rastrean por tierras del Colorado y por las regiones que riegan el Tennessee y el Arkansas;

Brillan antorchas en las sombras que proyectan el Chatahuche y el Atamayo;

Los patriarcas se sientan a la mesa con los hijos, los nietos y los bisnietos;

En chozas de adobe o en tiendas de lona descansan cazadores y tramperos al declinar el día:

Duerme la ciudad y duerme el campo,

Los vivos duermen lo que les corresponde, lo mismo que los muertos,

El marido anciano duerme con su mujer, y el joven con la suya...

Todos quieren venir hacia mí, y yo quiero ir hacia ellos,

Y tal como son, más o menos soy yo;

Y con ellos —con cada uno de ellos y con todos—voy componiendo el canto a mí mismo.

16

Soy por igual del viejo y del joven, del necio y del sabio,
Indiferente y atento a un tiempo con los demás,

Maternal y paternal a la vez, niño y hombre,

Formado de una materia tosca y de una materia delicada,

Ciudadano de la Nación de muchas naciones, no menos de las grandes que de las pequeñas;

Soy del Norte y del Sur, soy un ranchero indolente y hospitalario de orillas del Oconi,

Un yanqui que se abre camino comerciando, con las articulaciones más flexibles y rígidas del mundo,

Un kentukiano que vaga por el valle del Elkon con polainas de piel de reno, un hombre de Luisiana o de Georgia;

Un lanchero que navega por lagos, por bahías o a lo largo de costas, un nativo de Indiana, de Wisconsin, de Ohio.

Me siento a mis anchas entre las nieves canadienses, en los bosques de los llanos altos y entre los pescadores de Terranova;

Me encuentro a mi gusto en la flotilla rompehielos, navegando con todos;

Las colinas de Vermont, los bosques del Maine y los ranchos de Texas me parecen mi casa;

Compañero de las gentes de California, compañero de los hombres libres del Noroeste (sus altas estaturas me encantan);

Compañero de barqueros y de mineros, compañero de todos los que se dan la mano: como y bebo con ellos;

Aprendo de los simples y enseño a los más sabios,

Novicio que tiene la experiencia de miles de estaciones;

Con el color de todas las razas, el rango de todas las castas; todo linaje y toda religión son míos.

Soy granjero, artesano, artista, caballero, cuáquero y marino,

Presidiario, rufián, vividor, abogado, médico, presbí-
tero...
Respiro, pero dejo que respiren los otros.
Yo no soy orgulloso, sólo estoy en mi puesto.
(Los huevos del boquerón y la crisálida están en su sitio;
Los radiantes soles que veo y los que, oscuros, no se ven
con las sombras están en su sitio.
Lo palpable está en su sitio y también lo impalpable).

17

Realmente, estos son los pensamientos de todo hombre
de cualquier época y lugar; no son originales míos.
Si no son tan tuyos como míos, nada o casi nada son,
Si no son el enigma y la respuesta al enigma, nada son,
Si no son a un tiempo cercanos y remotos, nada son.
Son la hierba que crece donde hay agua y hay tierra,
Son el aire de todos que envuelve el planeta.

18

Con estridencia de músicas vengo —cornetas y tam-
bores.
Mis marchas no son sólo para aclamar a los vencedo-
res, también las toco para los conquistados y las víc-
timas.
¿Te han dicho que es bueno ganar batallas?
Pues yo te digo que también es bueno perderlas; las ba-
tallas se pierden con el mismo espíritu con que se
ganan.

Vaya el doble y el redoble de mis tambores por los muer-
    tos,
Toque yo por ellos mis clarines, vibrante y jubiloso.
¡Vivan los vencidos!
Y aquellos cuyos barcos se hundieron en el mar,
Y los generales que perdieron batallas, los héroes de-
    rrotados...
Pues la multitud de héroes ignorados vale tanto como
    los que más celebramos.

19

La mesa está dispuesta para que todos coman, aquí está
    la carne para el sano apetito,
La misma para todos: para el justo y el malo, a todos he
    invitado,
Nadie se verá olvidado y nadie es excluido.
La concubina, el parásito, el ladrón, están invitados,
El esclavo de labios gruesos está invitado, y lo está el si-
    filítico,
Y no habrá distinciones entre ellos y el resto.
Este es el roce de una tímida mano, el natural aroma de
    un cabello flotante,
El beso de mis labios en los tuyos, el jadear anhelante,
Este es el abismo y la cima lejana que reflejan mi rostro,
Mi fusión voluntaria con todos y mi huida.
¿Crees que tengo una intención escondida?
Pues es cierto; la tengo, como la tienen las lluvias de
    abril, la mica de las rocas.
¿Crees que quiero asombrarte?
¿Asombra acaso el día? ¿Asombra acaso el temprano
    astro rojo que titila en el bosque?

¿Asombro yo más que ellos?
Esta es la hora de mis confidencias,
No se las haría a cualquiera, pero a ti sí te las haré.

20

¿Quién anda por ahí anhelante, místico, desnudo?
¿Cómo es que saco fuerzas de la carne que tomo?
¿Qué es un hombre, realmente? ¿Qué soy yo? ¿Qué vo-
    sotros?
Cuanto diga que es mío deberás apropiártelo.
De otra forma, escucharme sería perder tu tiempo.
No voy gimoteando a través de la tierra:
Que los meses se pasan, que la tierra es fangosa, mise-
    rable y muy sucia.
Gemidos y plegarias serviles son remedios para enfer-
    mos e inválidos; quede el conformarse muy lejos de
    mi vida,
Yo me pongo el sombrero dentro y fuera de casa.
¿Por qué tengo que orar? ¿Y adorar y andar con cere-
    monias?
Después de escudriñar en los estratos, de analizarlo todo,
    de hablar con los expertos y calcular minucias,
He llegado a saber que el sebo más sabroso va adherido
    a mis huesos.
Me veo en todos, ninguno es más que yo, ni es menos
    un grano de cebada.
Sé que soy fuerte y sano,
Todo marcha hacia mí, constantemente,
Todo me escribe y debo descifrar lo que me dice.
Sé que soy inmortal.

Sé que mi órbita no podrá ser descrita con compás de artesano,
Que no me perderé como se apaga la espiral que en la sombra traza un niño con fuego de un carbón encendido.
Sé que soy venerable,
Y no fuerzo a mi espíritu a que explique o defienda,
Pues las leyes más fijas nunca piden disculpas
(Después de todo no soy más orgulloso que el cimiento que sustenta mi casa),
Existo como soy, con eso basta,
Y si nadie lo sabe me doy por satisfecho,
Lo mismo que si todos y uno a uno lo saben,
Hay un mundo al que tengo por el mayor de todos, que soy yo y que lo sabe,
Si llego a mi destino, ya sea hoy ya sea dentro de millones de años,
Puedo aceptarlo ahora o seguir aguardando, con igual alegría.
La base donde apoyo mis pies es de granito,
Me río cuando dicen que puede disolverse,
Porque conozco lo que dura el tiempo.

21

Soy el poeta del cuerpo y soy el poeta del alma,
Sé de goces de cielo y de horrores de infierno,
Injerto los primeros a mi ser, los aumento, y dejo los segundos para decirlos en un idioma nuevo.
Soy el poeta de la mujer no menos que del hombre,
Y digo que es tan noble ser mujer como hombre,

Que no hay nada más noble que ser la madre de los hombres.
Canto a la exaltación o a la soberbia,
Bastante hemos rogado, bajado la cabeza,
Y afirmo que el tamaño no es más que desarrollo.
¿Has superado al resto? ¿Llegaste a presidente?
Es una nimiedad, cualquiera podrá alcanzarte y luego ascender más arriba.
Yo soy el que navega a través de la noche,
Llamo a la tierra, al mar, envueltos por las sombras.
Estréchame en tus brazos, noche de pecho desnudo,
Estréchame en tus brazos, noche magnética y fecunda,
Noche de los vientos del Sur, noche de grandes estrellas solitarias,
Noche callada y somnolienta, loca y desnuda noche de verano.
Sonríe, tierra voluptuosa de alientos de frescura,
Tierra de árboles umbríos y dormidos,
Tierra de crepúsculos muertos, tierra de cumbres perdidas en la bruma,
Tierra de fluir cristalino cuando la luna llena te ilumina de azul.
Tierra de luz y sombra que jaspean la corriente del río,
Tierra de limpio gris y de nubes a mis ojos brillantes,
Tierra yacente y ancha, tierra rica de manzanos en flor,
Sonríe, porque llega tu amante.
Pródiga, me has brindado tu amor, te doy por ello el mío,
Mi inefable amor apasionado.

22

Y tú, mar... También a ti me entrego. Adivino lo que quieres decirme,
Desde la playa veo tus dedos que me invitan,

Y pienso que no quieres marcharte sin haberme besado.

Debemos estar un rato juntos: me desnudo y me llevas
muy lejos de la costa,

Arrúllame y durmiendo al vaivén de tus olas,

Salpícame de espuma enamorada, que yo sabré pa-
garte.

Mar violento, tenaz y embravecido,

Mar de respiros profundos y revueltos,

Mar de la sal de la vida, de sepulcros dispuestos aunque
no estén cavados,

Rugiente mar que, a capricho, generas tempestades o
calmas,

También soy como tú: con uno y muchos rostros

Partícipe del flujo y del reflujo, cantor soy de los odios
y de la dulce paz,

Cantor de los amantes que duermen abrazados

También doy testimonio del amor a mis prójimos:

¿Haré sólo inventario de todos mis objetos olvidando la
casa que los tiene y cobija?

No soy sólo el poeta de la bondad, acepto también ser-
lo de lo inicuo y malvado,

¿Qué son esos discursos que nos cuentan de vicios y vir-
tudes?

El mal me sugestiona y lo mismo la reforma del mal,
mas sigo imperturbable.

¿Soy un inquisidor, un hombre que desprecia cuanto en-
cuentra a su paso?

No soy más que aquel hombre que riega las raíces de
todo lo que crece.

¿Te temes que la terca preñez sólo engendre tumores?

¿Pensabas que las leyes que rigen a los astros admiten
ser cambiadas?

Encuentro el equilibrio en un lado lo mismo que en su
opuesto,
Las doctrinas flexibles nos ayudan lo mismo que ayu-
dan las más firmes,
Las ideas y acciones del presente nos despiertan y mue-
ven,
Ningún tiempo es mejor para mí que este ahora que me
viene a lo largo de millones de siglos.
No hay nada de asombroso en las acciones buenas de
antes o de ahora,
Lo asombroso es que siempre existan los malvados o los
hombres sin fe.

23

Despliegue infinito de palabras a través de los siglos.
La mía es una palabra de hoy, las palabras «en masa»,
Palabras de la fe que nunca decepciona,
Mañana u hoy para mí son lo mismo, puesto que acep-
to el tiempo de manera absoluta.
Sólo el tiempo es perfecto, abarcante, y todo lo com-
pleta.
La realidad acepto, no puedo cuestionarla.
Me inspiro en la materia que todo lo penetra.
Aclamo la ciencia positiva, un hurra por la demostración
exacta,
Traed ramos de vid, coronas de laureles y honrad esas
cabezas:
Aquí está el lexicógrafo, el químico, el que descifra ar-
caicas inscripciones,
Los marinos que atravesaron los mares ignorados, re-
pletos de peligros,

Aquí están los geólogos, y el que maneja el escalpelo y
    el puro matemático.
Señores, a vosotros los máximos honores.
Vuestros datos son útiles, mas no son mi morada,
Paso por ellos para llegar a aquélla.
Más que signos que evocan propiedades ya dichas,
Mis palabras son signos de la vida inefable, de ser libre
    y de darse,
Apenas se refieren a eunucos y asexuados, pues prefie-
    ro los hombres y mujeres muy fuertes,
Y bato mis tambores por quienes se rebelan, conspiran
    y se escapan.

24

Soy Walt Whitman, un cosmos, el hijo de Manhattan,
Tormentoso, carnal y sensitivo: como, bebo y engendro.
No soy sentimental ni miro desde arriba a hombres ni a
    mujeres de los que no me aparto,
No soy más orgulloso que humilde.
Despojad las puertas de cerrojos,
Sacad las puertas mismas de sus goznes.
Me humilla quien humilla a los otros,
Y nada se hace o dice que no recaiga en mí.
Surge a través de mí la voluntad que crea corrientes y
    señales,
Yo digo la palabra primera, el santo y seña de la demo-
    cracia,
Y juro que nada aceptaré si otros no pueden tener lo
    mismo en iguales condiciones.
Surgen de mí voces acalladas desde hace largo tiempo:

Voces de las interminables generaciones de cautivos y
   esclavos,
Voces de enfermos y desahuciados, de ladrones y enanos,
Voces de los ciclos de gestación y de crecimiento,
Voces de los lazos que unen a los astros, de úteros y de
   semilla paternal,
Y de los derechos de aquellos a los que oprimen,
De los deformes, vulgares, simples, necios, desprecia-
   dos,
De la niebla en el aire y del escarabajo que arrastra su
   bola de inmundicia.
Surgen en mí voces reprimidas:
Voces de sexo y de lujuria, veladas voces cuyo velo
   aparto,
Voces indecorosas que yo purifico y transfiguro.
No me tapo la boca con la mano
Y trato con igual delicadeza al vientre que a la cabeza o
   al corazón,
La cópula no es para mí más vergonzosa que la muerte
Creo en la carne y en los apetitos,
Ver, oír, tocar... ¡cuántos milagros!, y cada parte de mi
   ser es un milagro
Divino soy por dentro y por fuera, y santifico todo lo que
   toco o me toca,
El olor de mis axilas es más hermoso que una plegaria,
Mi cabeza más bella que los templos, las biblias y que
   todos los credos.
Si hay algo que venere más que a nada en el mundo es
   toda la extensión de mi cuerpo o cualquiera de sus
   partes:
A ti venero, arcilla clara mía,
A vosotros, mis bordes sombreados y mis robustos pies,
A ti, la reja de mi arado masculina y fuerte,

A todo cuanto hay en mí que se siembre y labore,
A ti, mi rica sangre, a ti, jugo lechoso, pálido extracto
    de fecunda vida,
A ti, pecho que estrechas a otros pechos,
A ti, cerebro mío, con tus circunvoluciones escondidas,
Húmeda raíz de cálamo, tímida alondra
Con nido recatado de dos huevos gemelos, a vosotros,
A ti, hierba mezclada, enmarañada, en cabeza, barba,
    cejas,
Savia goteante de arce, fibra de noble trigo, a vosotros,
A ti, sol generoso,
Nublados que alumbráis y oscurecéis mi rostro,
Arroyos y rocíos de sudor, a vosotros;
Vientos que me excitáis con el roce de vuestros genita-
    les, a vosotros;
A vosotros, anchos prados de músculo, ramas de enci-
    na, amoroso holgazán de mis senderos,
Manos que he cogido entre las mías y rostros que besé,
Mortal a quien alguna vez toqué, a ti venero.
Estoy loco por mí, ¡hay tanto en mí de bueno!
Cada momento y todo lo que pasa me llena de alegría,
No sé cómo se doblan mis tobillos, ni sé el porqué de mi
    deseo más nimio,
Ni el porqué de la amistad que brindo, ni el porqué de
    la amistad con que me pagan.
Mientras subo la escalera de mi casa me detengo a pen-
    sar si no estaré soñando,
La madreselva que crece en mi ventana me entusiasma
    más que todos los libros de metafísica juntos.
¡Y ver amanecer!
La tenua luz consigue que se esfumen las más espesas
    sombras,
El aire es un hermoso sabor en mi garganta.

Del mundo que se mueve rezuman frescas masas que se
cruzan oblicuas saltando en el silencio,
Los grávidos objetos se deslizan errantes hacia arriba y
abajo.
Algo invisible eriza libidinosos dardos,
Y mares de brillantes zumos inundan la bóveda celeste.
Tierra y cielo se unen, y de la íntima conjunción coti-
diana,
Me llega del Oriente el burlón desafío:
Atrévete, si puedes, a dominarlo todo.

25

La aurora tremenda y deslumbrante me mataría en se-
guida,
Si no pudiera yo, ahora y siempre, conseguir que el sol
salga desde mí.
También nosotros, alma mía, ascendemos, tremendos,
deslumbrantes, como el sol,
Hemos hallado nuestro ser más profundo en la frescura
quieta de la aurora.
Mi voz persigue aquello que mis ojos no alcanzan,
Y mi lengua circunda con su hablar muchos mundos con-
juntos de mundos.
Mi hablar, que es hermano gemelo de mi vista y no pue-
de medirse,
Me dice con sarcasmo, provocándome siempre:
«Walt, si albergas tantas cosas, ¿por qué no las expre-
sas?»
No me atormentes, calla, ya sé que sabes mucho de ar-
ticular sonidos,

Pero, ¿sabes, acaso, que los brotes se pliegan dormidos
    bajo el suelo.
Que aguardan en la sombra cubiertos por la escarcha,
Que el cieno retrocede ante mi voz profética?
Yo, que soy fundamento de todos los motivos, los equi-
    libro al fin.
Mi saber, que es la parte más viva de mí mismo, comulga
    con el gozo —significado de todo lo existente—,
(Hombres y mujeres que me oís, salid pronto a buscarlo).
Me niego a demostrarte mis méritos más altos, me nie-
    go a confesarte quién soy en realidad,
Dedícate a abarcar mundos enteros y no trates de dar
    cuenta del mío,
Pues sólo con mirarte despierto lo mejor que hay en ti,
    lo más pulido.
No me ponen a prueba escritos y debates,
La prueba decisiva la llevo yo en mi rostro,
Y sólo con silencios anonado al escéptico.

26

No haré sino escuchar ahora,
Por sumar a este canto lo que oiga, por dejar que esos
    sones contribuyan a él.
Oigo alardes de pájaros, rumor de mies que crece, se-
    creto de las llamas, crepitar de los leños que cuecen
    mi comida,
Oigo el son que más amo, el de la voz humana,
Oigo todos los sones que corren a la par, se entrelazan,
    se buscan o se unen,
Sones de la ciudad, de las afueras, del día y de la noche,

Muchachos que conversan con quienes los adoran, risas de los obreros en la mesa común,

La triste voz de la amistad truncada, el tono gris de enfermos que se mueren,

Oigo la voz del juez que en el estrado pronuncia muy nervioso la sentencia de muerte,

Gritos de estibadores que descargan el barco junto al muelle, cantos de marineros que levantan las anclas,

Tañidos de campanas con gritos de socorro, estrépito de máquinas, brigadas contra incendios con luces de colores;

El silbato del tren acompañando el pesado rodar de sus vagones,

La marcha lenta de un fúnebre cortejo, los soldados que avanzan por parejas

Para velar la muerte del personaje ilustre entre negros crespones.

Escucho el violoncelo (es el lamento de un corazón muy joven),

Escucho el cornetín que se introduce agudo en mis oídos,

Y levanta en mi pecho latidos que son dulces incomprensiblemente.

Ahora escucho los coros de una ópera,

¡Esta es mi música!, la que va con mi alma.

La gran voz del tenor, potente y joven cual la creación, me inunda,

La órbita flexible de su boca vierte en mí cataratas de gozo.

Escucho a la soprano (¿qué valor podría tener mi canto cuando se atiende al suyo?),

La orquesta me arrebata en amplias espirales hasta el cielo de Urano,

Suscita en mí misteriosos ardores que nunca imaginara,

Me transporta hasta el mar donde mis pies desnudos aca-
rician las olas indolentes.
Un furioso granizo me acomete, y yo pierdo el aliento
Inundado de la dulce morfina que me asfixia simulando
a la muerte,
Me yergo al fin para enfrentarme solo al enigma de to-
dos los enigmas:
El enigma del Ser.

27

¿Qué significa ser, en sus múltiples formas?
(Damos vueltas y vueltas rondando el mismo o punto),
Bastaría la almeja de valva endurecida, si no hubiera
otros seres más evolucionados.
Mi valva es muy sensible,
Los hilos conductores que recorren mi cuerpo al punto
me detienen o me ponen en marcha,
Recogen todo objeto y lo llevan indemne a través de mi
alma.
Con sólo remover o apretar con mis dedos; ya me sien-
to dichoso,
Y apenas si resisto el roce de mi cuerpo en contacto con
otro.

28

¿Qué es tocar, qué es sentir otro cuerpo? Es entrar tem-
bloroso en otra identidad,
Fuego y aire corriendo por mis venas,
Con las yemas traidoras de mis dedos acudiendo en su
ayuda a incrementar el fuego,
Mi sangre y mi carne se mueven como el rayo que ha de
herir al que apenas se distingue de mí,

E incitantes, lascivas, paralizan mis miembros en toda
su extensión,
Para extraer de la ubre de mi corazón hasta la última gota,
Se comportan conmigo de un modo licencioso sin ver
mi resistencia,
Con no sé qué intenciones, me sacan y me roban lo me-
jor de mí mismo,
Van quitándome ropa para abrazarme luego con el cuer-
po desnudo,
Y me engañan, confuso, con la paz luminosa del día y
de los campos;
Impúdicas, rechazan a los otros sentidos,
Los sobornan buscando que le cedan al tacto su lugar en
mi piel,
Se burlan de mi cólera, de mis fuerzas exhaustas,
Convocan a la chusma incitante a la fiesta,
Y unidas me atormentan desde aquel promontorio.
Los guardias abandonan sus puestos en mi cuerpo,
Dejándome indefenso frente a un rojo asesino,
También ellos acuden a acusarme y a herirme.
He sido traicionado...
Desvarío, ¿qué digo? ¡Yo soy el gran traidor!
¡Si yo mismo me he unido a la facción rebelde!
Mis manos me llevaron al dulce promontorio.
Tacto bribón, ¿qué haces?, el aire se agolpa en mi gar-
ganta,
Abre tus puertas, no puedo resistirte.

29

¡Tacto amoroso, batallador y ciego!
¡Contacto protegido de afilados colmillos!
¿No te dolió dejarme?

Al llegar ya sabemos el lugar que dejamos: es el pago
    constante de una deuda perpetua,
Y la lluvia copiosa da frutos abundantes.
Los retoños germinan, prolíficos, vitales, al borde de la
    acequia,
Y proyectan paisajes masculinos, extensos y dorados.

30

En cada cosa se esconde su verdad,
No se apresta a salir ni se resiste a ello,
No precisa los fórceps del partero.
Lo más pequeño es para mí tan grande como lo es lo mayor,
(¿Qué puede ser mayor o menor que un roce?)
Nunca son convincentes los lógicos sermones,
La humedad de la noche cala más en mi alma.
(Sólo es verdad lo que todos los hombres y mujeres com-
    prueban,
Y sólo lo que nadie puede negar existe.)
Un minuto y una gota de mí tranquilizan mi alma,
Creo que el terruño, mojado dará un día amantes encendidos,
Que la carne del hombre y la mujer compendian el con-
    junto de todos los compendios,
Que un monte y una flor los impulsan y unen,
Y que en cuanto lo aprenden proliferan sin límites has-
    ta crearlo todo,
Hasta ser nuestro gozo y nuestro gozo el de ellos.

31

Creo que una brizna de hierba no es menor que la sen-
    da que recorren los astros,

Que no es menos la hormiga ni un granito de arena o el
huevo del zorzal,
Que la rana responde a los más altos gustos,
Que no desentonarían las zarzas trepadoras en un salón
del cielo,
Que el tendón más pequeño de mi mano aventaja a todo
mecanismo,
Que la vaca paciendo con su cabeza baja supera a cual-
quier escultura,
Que un ratón es un milagro capaz de confundir a millo-
nes de incrédulos.
Descubro que en mí llevo granito, carbón, musgo de lar-
gos filamentos, frutas, granos, raíces que se pueden
comer,
Que mi ser se ha formado de pájaros y bestias,
Que he dejado allá lejos, por muy buenas razones, lo que
he puesto detrás,
Aunque puedo traerlo hasta mí cuando quiera.
Es inútil la insolencia o el recato,
Inútil que las rocas volcánicas me lancen sus antiguos
calores para que no me acerque,
Inútil que el mastodonte se retire y se oculte en su pol-
vo de huesos,
Inútil que las cosas se alejen y se alejen tomando mu-
chas formas,
Inútil que los mares se escondan en las fosas profundas
donde viven los monstruos,
Inútil que los buitres elijan por morada el azul de los cielos,
Inútil que las cobras se arrastren por lianas y troncos,
Inútil que el antílope escape por la senda del escondido
bosque,
Inútil que los cuervos marinos emigren hacia el Norte
lejano,

Yo los sigo al momento hasta alcanzar sus nidos en las
   grietas del risco.

32

Creo que podría retroceder y vivir con animales... ¡son
   tan agradables e independientes!
Me detengo y los observo largamente.
No se atormentan ni se quejan de su situación,
No lloran sus pecados en la oscuridad de la noche,
No me molestan con discursos sobre los deberes para
   con Dios,
Ninguno está descontento ni sufre la locura de tener mu-
   chas cosas,
Ninguno se arrodilla ante otro ni ante los antepasados
   que vivieron hace miles de años,
No hay ni uno solo respetable o desdichado en la faz de
   la tierra.
Muestran así su afinidad conmigo y como tal la acepto.
Me pregunto de dónde sacaron esos signos:
¿Recorrí yo esa senda en épocas remotas y los dejé caer
   con mi descuido?
Entonces avanzaba, como avanzo ahora y siempre,
Más rico y más veloz,
Infinito, siendo un poco de todos, uno más entre ellos,
Sin preocuparme mucho en escoger a quienes guarda-
   rán mis recuerdos,
Eligiendo aquí sólo a aquel al que más quiero y mar-
   chando con él en fraternal abrazo.
La belleza gigante de un caballo sensible y cariñoso res-
   ponde a mis caricias,
La frente altiva, la testuz extensa,

Las ancas relucientes, ágiles, la cola larga hasta barrer
    el suelo,
La nobleza brillándole en los ojos, finas orejas, el andar
    flexible.
Dilata sus collares al sentir mis talones,
Se estremecen gozosos sus miembros torneados con
    nuestra cabalgada...
Apenas un minuto te cabalgo, caballo, y en seguida te dejo.
¿Para qué me haces falta si puedo aventajarte corriendo
    más ligero?
Esté sentado o en pie, siempre te dejo atrás.

33

¡Espacio y tiempo! Ahora comprendo que es verdad lo
    que imaginaba,
Lo que intuí tendido sobre el pasto,
Lo que intuí descansando en mi alcoba,
Y caminando a solas por la playa con la luz mortecina
    del lucero del alba.
Las amarras y lastres me abandonan y mis codos repo-
    san en islotes del mar,
Escalo cordilleras, las palmas de mis manos abarcan con-
    tinentes,
Camino con la vista.
Junto a las casas cúbicas de la ciudad, en cabañas de
    troncos, acampando con los leñadores,
Por los secos caminos, el lecho de un arroyo y las blan-
    cas calzadas,
Desbrozando mi bancal de cebollas, cuidando las zana-
    horias y berros de mi huerta, cruzando estepas, atra-
    vesando bosques,

Explorando y hurgando a la busca de oro, cercenando
    los árboles del predio que he comprado,
Hundido hasta el tobillo en la arena caliente, arrastran-
    do mi barca por las aguas del río;
Donde merodea la pantera entre las ramas altas y el ve-
    nado se enfrenta furioso al cazador,
Donde la serpiente de cascabel sestea al sol entre las ro-
    cas, donde la nutria se alimenta de peces,
Donde el caimán con sus escamas duras dormita en la
    ribera,
Donde el oso negro busca miel o raíces, donde el castor
    golpea el barro con su cola aplastada.
Sobre el cañaveral creeido, por los algodonales de flo-
    res amarillas, por las tierras de arroz encenagadas,
Sobre la casa de campo con tejado a dos aguas bordea-
    do de musgo y canalones que descienden delgados,
Sobre los nísperos orientales, el maizal de hojas largas,
    el delicado lino de flores azuladas,
Sobre el trigo tostado y blanquecino, susurrando y zum-
    bando, unido a los demás,
Sobre el oscuro verde que la brisa inclina y oscurece;
Escalando montañas, trepando cuidadoso, agarrándome
    a las ramas resistentes,
Siguiendo por la senda entre el pasto y las matas,
Donde la codorniz silba entre el trigal y el bosque,
Donde vuela el murciélago en los oscureceres de julio,
    donde el escarabajo de oro se deja caer en la pe-
    numbra,
Donde mana el arroyo entre las raíces de un árbol viejo
    y fluye a la pradera,
Donde el ganado espanta los insectos con un temblor de
    piel,

Donde descansa el paño de cocina en la mesa, donde el
morillo se apoya en el fogón, donde las telarañas
cuelgan de las vigas,

Donde el martinete de la fragua golpea, donde la pren-
sa hace girar sus cilindros,

Donde el corazón del hombre palpita con angustia en el
pecho,

Donde se eleva al aire el globo periforme (dentro voy yo
mirando hacia abajo tranquilo),

Donde el carro salvavidas se desliza en el cable, donde
el calor del sol incuba los verduzcos huevos hundi-
dos en la arena,

Donde nada la ballena con sus crías sin perderlas de vista,

Donde el vapor despliega sus oscuros penachos de humo,

Donde la aleta del tiburón corta el agua como un negro
cuchillo,

Donde el bergantín en llamas es llevado por corrientes
ignotas,

Donde brotan los hongos en el viscoso légamo, donde
los muertos se corrompen debajo,

Donde la bandera estrellada ondea guiando al regimiento,

Llegando hasta Manhattan por la alargada isla,

Bajo las cataratas del Niágara que caen ante mi rostro
cubriéndome en su velo,

En el umbral de una casa, en el fuerte vallado de madera,

En la carrera de caballos o en la fiesta campestre, en el
baile, el rodeo o el partido de béisbol,

En fiestas de hombres solos, con sus bromas groseras y
sus bailes obscenos, sus bebidas y risas,

En la destilería de sidra, probando el dulce y rubio mos-
to, sorbiendo el claro zumo con alguna cañita,

En la monda de manzanas, solicitando un beso por cada
fruta roja que encuentro,

En reuniones de amigos, comidas en la playa, tertulias
en el bar, desgranando maíz y construyendo casas,
Donde el mirlo burlón entona dulces trinos, arrullos, gri-
tos, quejas,
Donde el heno se hacina en el granero y se esparce el
orujo, donde la vaca preñada espera recogida,
Donte el toro se entrega a su viril tarea, donde busca el
semental a la yegua y el gallo cubre a la gallina,
Donde pace el ternero, donde los gansos pican las se-
millas con cortas sacudidas,
Donde las sombras del oscurecer se extienden por el lla-
no infinito y solitario,
Donde las manadas de búfalos cubriendo un ancho es-
pacio caminan lentamente,
Donde brilla el colibrí, donde el cuello del cisne viejo
se curva y ondula,
Donde lanzan las gaviotas veloces sus risas casi humanas,
Donte se alinean las colmenas sobre los bancos grises
detrás de un elevado plantel de matorrales,
Donde las perdices de pechos irisados incuban enterra-
das con las cabezas fuera,
Donde los coches fúnebres atraviesan la arcada del blan-
co cementerio,
Donde aúllan los lobos invernales en desiertos de nieve
y arbustos con carámbanos,
Donde la garza de cabeza amarilla se acerca por la no-
che al borde de la charca para comer cangrejos,
Donde el alegre baño de jóvenes hermosos refresca y
aminora los calores del día,
Donde el grillo ejecuta su cromática escala oculto en el
nogal que se alza junto al pozo;
A través de sembrados de cidros y pepinos con sus ho-
jas brillando como alambres de plata,

A través de las salinas, del claro naranjal o los cónicos
pinos,
A través del gimnasio, del bar entre cortinas o de las ofi-
cinas y los lugares públicos;
Contento con mis paisanos y con los extranjeros, con jó-
venes y viejos,
Contento con las mujeres del campo y con las elegantes,
Contento con la cuáquera que se quita el sombrero y ha-
bla con voz muy dulce,
Contento con la música del coro de la iglesia encalada,
Contento con la prédica del grave metodista que me lle-
ga muy hondo en la reunión campestre;
Mirando toda la mañana los escaparates de Broadway y
con la nariz aplastada en los gruesos cristales,
Caminando esa tarde con la vista en las nubes por una
callejuela o bajando a la playa,
Paseando del brazo de dos buenos amigos,
Regresando a mi casa con el muchacho rústico de meji-
llas morenas (él cabalga a mi espalda mientras se
pone el sol),
Rastreando las huellas de animales o de mocasines le-
jos del campamento,
Junto a la cama de hospital sirviendo limones exprimi-
dos al enfermo con fiebre,
O junto al ataúd cuando todo está quieto observando el
cadáver a la luz de los cirios;
Llegando a cualquier puerto en viaje de negocios o bus-
cando aventuras,
Corriendo entre la gente con sus mismas angustias e
idénticos deseos,
Furioso con aquel a quien odio, dispuesto a apuñalarlo,
Solitario de noche en el patio más hondo y sin pensar en
nada durante mucho rato,

Recorriendo las antiguas colinas de Judea con el Dios
dulce y bello caminando a mi lado,
Atravesando rápido los inmensos espacios, pasando por
el cielo y las blancas estrellas,
Cruzando los satélites, el gigantesco anillo y el diáme-
tro enorme,
Surcando los espacios con veloces cometas y dejando
como ellos mil estelas de fuego,
Transportando conmigo a la luna creciente que lleva en
sus entrañas a su madre redonda,
Enfureciendo, alegrando, proyectando, amando, repren-
diendo,
Apoyando y llenando, apareciendo y desapareciendo,
Día y noche recorro esos caminos.
Visito los huertos de los astros, reviso sus cosechas: hay
trillones de frutas maduras y trillones verdes.
Mi vuelo es el de un alma incorpórea y ansiosa,
Tan profundo que nunca lo alcanzarán las sondas.
Recojo aquí y allá espíritu y materia,
No hay guardián que detenga mis pasos ni ley que me
coarte.
El ancla de mi barco me detiene un momento,
Mis mensajeros parten en busca de noticias.
Voy en busca de pieles, a la caza de focas, salvando los
abismos con mi aguda piqueta, asiéndome a los tém-
panos quebradizos y azules.
Subo el mástil de proa,
Me sitúo en la cofa cuando la noche avanza,
Vamos surcando el Ártico entre una luz lechosa,
El aire es transparente y deja al descubierto bellezas pro-
digiosas,

Grandes bloques de hielo navegan a mi lado, yo paso
junto a ellos divisando horizontes que se despejan
blancos,
Se vislumbran montañas que atraen mi fantasía.
Nos acercamos luego a un campo de batalla en el que
mi alma inquieta ansía combatir,
Cautelosos y lentos pasamos por delante de puestos y
avanzadas,
O entramos tras los muros de ciudades ruinosas,
Sus bloques derrumbados aventajan en mucho a cual-
quier monumento de las ciudades vivas.
Ahora soy mercenario, paso la noche al raso junto al fue-
go que encienden las tropas invasoras,
Arranco al novio de su lecho de bodas y duermo con la
esposa,
Toda la noche oprimo sus muslos y sus labios.
Mi voz es la voz de la esposa, el grito en la escalera:
Traen el cuerpo sin vida y empapado de mi marido aho-
gado.
Conozco el vasto corazón de los héroes,
El coraje de hoy y el de todos los tiempos,
Sé del buen capitán que vio su barco roto, juguete de las
olas entre la cruel tormenta, llena de pasajeros per-
seguidos por sombras de la muerte,
Sé de su resistencia y confianza varias noches y días,
Cuando escribió con tiza en un tablón: «¡Ánimo, no os
abandonaremos!»
Le he visto con su gente sin darse por vencido,
Rescatando uno a uno a la tripulación,
He visto a las mujeres demacradas, con sus ropas re-
vueltas, descender como espectros que salen de las
tumbas,

A las pobres criaturas, los rostros asustados, los enfermos en andas y los hombres nerviosos,
Todo esto lo siento, lo gusto, lo hago mío,
Porque yo fui el hombre que vivió esa aventura, que sufrió y allí estuvo.
Sé del orgullo y la paz de los mártires,
De la madre que antaño fue quemada por bruja, mientras sus pobres hijos la miraban absortos,
Del esclavo escapado que flaquea en su huida y se apoya en la cerca bañado de sudor,
Siento las municiones, el dolor de sus piernas, su cuello amoratado y su esfuerzo final.
Todo esto que cuento lo he vivido en mi carne, todo esto soy yo.
Soy el esclavo perseguido, retrocedo ante la dentellada fiera de los perros,
La desesperación se cierne sobre mí, se suceden sin tregua disparos y disparos,
Me sujeto a la cerca, la sangre que manan mis heridas se junta con el barro que recubre mi piel,
Los jinetes espolean a sus cabalgaduras, el círculo se cierra en torno a mí,
Ya vienen y me llenan de insultos, me siento mareado entre los latigazos que laceran mi espalda ...
Cambio de agonías como me cambio de ropa,
No he de preguntar cuánto sufre al herido: me he convertido en él,
Sus heridas se vuelven violáceas en mi cuerpo, las estoy observando cogido a mi bastón.
Soy el bombero herido, con la columna rota,
Sepultado entre escombros,
Ahogado por el humo, escuchando los gritos que dan mis compañeros,

Sintiendo muy lejanos sus picos y sus palas entre el calor del fuego,
Ya retiran las vigas y levantan mi cuerpo con extremos cuidados...
Ahora estoy tendido con mi camisa roja, al aire de la noche, y siento que es por mí por quien guardan silencio,
Ya no tengo dolor, y a pesar de faltarme las fuerzas, casi me siento feliz,
Rostros bellos y pálidos me rodean solícitos, se han quitado los cascos,
La gente, arrodillada, se esfuma poco a poco llevando sus antorchas.
Lo lejano y distante resucita de pronto,
Se muestran como la esfera, se mueven como las agujas de mi propio reloj.
Soy un viejo artillero —cuento ahora cómo bombardearon nuestro fuerte—,
Allí estoy otra vez ...
Otra vez el redoble de los tambores,
Otra vez el sordo retumbar de cañones y morteros,
Otra vez la respuesta del cañón enemigo.
Participo en la acción, todo lo veo y lo escucho todo:
Los gritos, los insultos, el fragor y los hurras por el blanco acertado,
La ambulancia que pasa lentamente dejando tras de sí un reguero de sangre,
Los diligentes zapadores que acuden a comprobar los daños y a reparar aquello que se hace más urgente,
Las granadas cayendo por las grietas del techo, el fugaz abanico de la cruel explosión,
El crujir de los miembros, de cabezas, de piedras, de maderas y hierros al saltar por los aires.

De nuevo el estertor del general que muere, agitando fu-
   rioso las manos,
Y ahogándose en su sangre, que repite mil veces:
«No os preocupéis por mí... Defended las trincheras.»

34

Voy a contaros ahora una historia que corría por Texas
   cuando yo era muchacho,
(No me refiero a la caída de El Álamo,
Que nadie sobrevivió para contarla,
Y allí quedaron mudos para siempre sus ciento cincuenta
   hombres.)
Me refiero al asesinato a sangre fría de cuatrocientos
   doce jóvenes.
Al replegarse formaron un cuadrado, atrincherándose
   detrás de sus mochilas,
Novecientas vidas de enemigos —nueve veces su núme-
   ro— fue el precio que cobraron a quienes les cercaban,
Su coronel fue herido y ya no les quedaban municiones,
Negociaron una rendición honrosa, recibieron las condi-
   ciones selladas y quedaron como prisioneros de guerra.
Eran la flor y nata entre los Guardias Montañeses, hom-
   bres de la frontera,
Inigualables en la doma del potro y en manejar el rifle,
   cantando o en festines, y haciendo el amor.
Corpulentos, inquietos, generosos, altivos, hermosos y
   sensibles,
Barbados y morenos por el sol persistente, vestidos a la
   usanza del rudo cazador,
Ninguno tenía treinta años cumplidos.

El segundo domingo posterior a su entrega los sacaron
en grupos y a todos los mataron; comenzaba un her-
moso verano,
Más de tres horas duró la bárbara masacre.
Nadie aceptó la orden de arrodillarse;
Algunos intentaron en vano luchar con sus verdugos,
otros se quedaron muy firmes, retadores e impávidos,
Unos pocos cayeron en seguida de un balazo en las sie-
nes o roto el corazón,
Los heridos y aún vivos se hundían en el barro y el nue-
vo pelotón conducido al martirio veía su agonía
Algunos moribundos trataron de salvarse escapándose
a rastras,
Y fueron rematados con las bayonetas o a golpes de cu-
lata,
Un muchacho que apenas contaba diecisiete años se afe-
rró a su asesino e hicieron falta dos hombres para re-
ducirle,
Los tres quedaron con la ropa deshecha y manchada de
sangre.
A las once empezaron a incinerar los cuerpos...
Esta es la historia del asesinato de los cuatrocientos doce
muchachos.

35

¿Quieres que te cuente una batalla naval que ocurrió hace
ya años?
¿Quieres saber quién venció bajo la luna llena y el cie-
lo estrellado?
Escucha la hazaña, tal como me la contó mi bisabuelo,
el marino.

Nuestro enemigo —me decía— no se escondía protegido en su barco,
Tenía el arrogante valor de los ingleses; no ha habido, hay o habrá gente más aguerrida, esforzada y valiente;
Al caer de la tarde se nos acercaron amenazadores entre el rugir de sus cañones.
Pronto empezó la lucha, se enredaron las vergas y casi se rozaban nuestros mutuos cañones,
Nuestro capitán aseguró los cables con sus propias manos como cualquier marinero.
Habíamos recibido unas dieciocho descargas en el casco del barco,
Nada más empezar, estallaron dos grandes cañones en nuestra cubierta inferior, haciendo volar por los aires a quienes los rodeaban.
Siguió la lucha cuando el sol se puso y avanzaba la noche,
A las diez, bajo la luna llena, aumentaban las brechas y el agua iba creciendo hasta unos cinco pies,
El contramaestre soltó a los prisioneros abriendo la bodega para salvar sus vidas.
Los centinelas daban el alto a quien se acercaba a la santabárbara,
Veían tantas caras desconocidas que ya no sabían quién era amigo o enemigo.
Arde nuestra fragata,
El enemigo nos incita a rendirnos,
A arriar la bandera y a terminar la lucha.
Aún recuerdo contento la voz de mi capitán:
«No arriaremos la bandera—dice tranquilamente—, no hemos hecho más que empezar.»
Ya no funcionan más que tres cañones,

El propio capitán dirige uno contra el palo mayor del
    enemigo,
Los otros dos, cargados de metralla, silencian los fusi-
    les y arrasan la cubierta.
Sólo los marineros situados en las cofas —especialmente
    en la del palo mayor— responden al fuego de esta
    reducida batería,
Resisten con valor mientras dura el combate.
No hay ni un solo momento de tregua,
Las bombas ya no pueden detener tanta agua como en-
    tra por las brechas, y el fuego va avanzando hacia los
    polvorines.
Un cañonazo hace estallar una bomba, todos creen que
    nos estamos hundiendo.
Mi capitán permanece sereno,
Su voz es como siempre, ni grave ni estridente.
Pero sus ojos nos iluminan más que las linternas.
Era ya medianoche, brillaba alta la luna, cuando nues-
    tro enemigo se rindió.

36

Rígida y callada yace la medianoche,
Los grandes cascos de los barcos se hallan inmóviles en
    el corazón de las sombras,
Nuestro navío, maltrecho, se hunde lentamente; hay que
    pasar al que hemos conquistado;
Desde el alcázar el capitán da órdenes, tranquilo, con el
    semblante blanco como un sudario,
Yacen inertes a sus pies el mozo que atendía su cama-
    rote,

Y el viejo marinero de largo pelo blanco y rizados bigotes,
A pesar de todos los esfuerzos, las llamas nos invaden por todos los rincones,
Se escuchan aún las voces de algunos oficiales que siguen en sus puestos:
Masas informes de cuerpos y más cuerpos, trozos de carne humana, se extienden por mástiles y vergas,
Penden cordeles rotos, balanceo de jarcias con el más leve vaivén de las olas,
Los cañones, tan negros e impasibles, se encuentran rodeados de paquetes de pólvora de penetrante olor,
Unas cuantas estrellas relucen allá arriba silenciosas y tristes,
Suaves brisas marinas nos traen desde la costa un aroma de hierbas y de juncos; los moribundos hacen sus últimos encargos a los sobrevivientes,
Silba el bisturí del cirujano y los dientes roedores de su sierra,
Jadeos y quejidos, salpicar de la sangre que brota, breve grito asustado y después un gemido muy lento y apagado
Es ya lo irremediable.

37

¡Alerta, holgazanes! ¡A las armas!
El pueblo amotinado va a derribar las puertas. Me siento enloquecido.
Me encarno en todos los que sufren, los que son acosados,
Me veo encarcelado, con un cuerpo distinto,

98

Y siento su dolor sordo y constante.

Me vigilan los rudos carceleros, carabinas al hombro, como a un reo,

O me dejan salir por la mañana para encerrarme luego por la noche.

No hay un rebelde que lleven esposado a quien yo no acompañe, esposado también y marchando a su lado,

(Más que el vivaz y alegre, soy el otro, el que aprieta sus labios temblorosos entre un sudor de muerte.)

No hay un muchacho acusado de robo al que yo no acompañe en el banquillo, para que se me juzgue y me condene.

Ni hay un enfermo de cólera que dé el último suspiro sin que agonice con él,

Mi rostro es ceniciento, mis músculos se tensan y no hay nadie que venga a consolarme,

Los mendigos se encarnan en mi cuerpo y yo entro en los suyos,

Extiendo mi sombrero para pedir limosna con rostro avergonzado.

38

¡Basta, basta, basta!

Ando aturdido, ¡atrás!

Dadme un poco de tiempo, que pueda reponerme del golpe, de los sueños, del vértigo fatal y los bostezos,

Estoy ante un error que suele ser corriente.

¡Si pudiera olvidar las burlas, los insultos!

Si pudiera olvidar los llantos y los golpes de clavos y martillos!

Si pudiera mirar con otros ojos mi propia cruz, mi corona de espinas...

Ya recuerdo,

Reconstruyo la escena donde me demoré más de la cuenta,

La tumba en roca viva multiplica lo que a ella o a otra se ha entregado,

Los muertos se levantan, cicatrizan las llagas y se sueltan las vendas.

Avanzo con un nuevo vigor entre la masa, andando en procesión interminable,

Nos vamos tierra adentro, rodeando la costa, por encima de todas las fronteras,

Nuestro ejército llega hasta el límite último donde acaba el planeta,

Las flores que adornan nuestro sombrero han crecido en millones de años.

¡Discípulos, yo os saludo! ¡Adelante!

Seguid con vuestras notas y con vuestras preguntas.

39

¿Quién es ese salvaje cordial y apasionado?

¿Espera la civilización o la ha dejado atrás y la ha asumido?

¿Es un hombre del Sudoeste, criado al aire libre? ¿Un canadiense, acaso?

¿De las tierras del Mississippi? ¿O de Iowa, Oregón, California?

¿Del monte o de los prados, de los bosques? ¿O es un hombre de mar?

Donde vaya, los hombres y mujeres le aceptan y desean,

Ansían que los quiera, que les toque, que los hable y que
viva con ellos.
Se mueve libremente, como copos de nieve, sus palabras
son simples como hierbas del campo, su pelo des-
peinado, ingenuo y sonriente,
Lento el andar, corrientes sus facciones, que emanan sen-
cillez y modestia,
Todo emerge de un modo nuevo de sus dedos,
Flota en el aire lleno del olor de su cuerpo o de su alien-
to, fluye de su mirar.

40

Sol ostentoso, no necesito tu calor,
Iluminas superficies tan sólo, yo calo más adentro.
Y tu, tierra, que pareces buscar entre mis manos,
Dime, vieja adornada, ¿tú qué quieres?
Hombre o mujer, quisiera confesarte mi amor, pero no
puedo,
Y quisiera decirte lo que se esconde en mí o en vosotros,
pero no puedo,
Y quisiera decirte la congoja que siento, la que no me
abandona por la noche y el día.
Óyeme: yo no hago discursos ni reparto limosnas,
Cuando doy, me doy a mí mismo por entero.
¿Qué haces ahí, impotente, arrodillado?
Ábreme ya tu pecho para que infunda valor en tus entrañas,
Extiende bien las palmas de las manos y ofrece tus bol-
sillos,
No acepto negativas, insisto, me sobran las riquezas,
Y ofrezco cuanto tengo. No pregunto quién eres, no me
importa,

Sólo puedes hacer y ser lo que yo quiero.
Respeto al que trabaja en los algodonales y al que limpia letrinas,
Y pongo en sus mejillas un beso fraternal,
Os juro por mi alma que nunca he de negaros.
Engendro niños ágiles y fuertes en las hembras fecundas,
(Ese día plantó la simiente de una nueva república, mejor y más soberbia.)
Me acerco hasta la casa del que está agonizando, descorro los cerrojos,
Lanzo los cobertores a los pies de la cama,
Y despido al médico y al cura.
Me inclino sobre el hombre que muere y lo levanto con una voluntad irresistible,
«Aquí esta mi cuello —le digo—, desdichado,
Por Dios, no desesperes, apóyate en mi cuerpo colgándote de mí.
Te infundo un gran aliento, un soplo gigantesco,
Un ejército en armas va ocupando tu casa,
Quien me ame se reirá de la muerte.
Duerme, ellos y yo velaremos tu sueño,
No habrá duda ni muerte que se atreva a tocarte,
Te he abrazado y con eso ya serás siempre mío,
Mañana, al despertarte, verás que no te engaño.»

41

Soy el que viene a socorrer al enfermo que gime entre dolores recostado en su lecho,
Y traigo más salud a los fuertes y erguidos para quien mi socorro resulta aún más preciso.
He oído lo que se ha dicho respecto al universo,

Lo he escuchado mil veces a lo largo de siglos;
No digo que esté mal, ¿pero basta con eso?
Vengo a glorificar y a engrandecer,
A pujar más que nadie en la subasta,
He tomado la dimensión exacta de Jehová,
Y he litografiado a Cronos y a su hijo Zeus, y a Hércules
    su nieto,
He comprado dibujos de Osiris, de Isis, de Baal, de
    Brahma y de Buda,
He guardado en mi equipaje a Manitú, un grabado de
    Alá y una talla del crucificado,
Junto con Odín, el horrible Mexitli y todo ídolo o imagen,
Los he aceptado en todo lo que valen, y ni un centavo más,
Reconociendo que todos han vivido y que en su día cum-
    plieron su misión,
(Alimentaron a pájaros implumes que ahora han de vo-
    lar y cantar por sí mismos),
Acepto los divinos esquemas que legaron y que he de
    completar para entregarlos a todo hombre o mujer
    que encuentre en mi camino,
Sin embargo, descubro mucho más que todo eso en el
    buen carpintero que levanta una casa con los brazos
    desnudos y empuñando el mazo y el cincel,
Exijo más de él;
No desdeño las revelaciones divinas, pero pienso que
    una voluta de humo o el vello del dorso de mi mano
    son tan asombrosos como cualquier revelación,
Los jóvenes bomberos que manejan sus coches contra
    incendios y las escalas de cuerdas no son menos para
    mí que los dioses guerreros de las viejas leyendas:
Escucho el tronar de sus voces entre el fragor de los de-
    rrumbamientos,

Sus fuertes brazos pasan indemnes sobre listones en llamas, sus rostros aparecen ilesos entre el fuego;
Igual que la mujer del obrero que con su hijo al pecho intercede por todos los que nacen,
Las tres guadañas que van silbando en fila al llegar la cosecha son movidas por tres ángeles vestidos de labriegos;
El posadero pelirrojo de dientes desparejos expía sus pecados pasados y futuros,
Al vender cuanto tiene e ir viajando a pie para pagar al abogado que defiende a su hermano acusado de estafa sentándose con él en el banquillo;
Lo sembrado en las tierras más amplias no ha alcanzado para colmar mi huerto más pequeño;
El toro y el escarabajo no han sido venerados como ellos se merecen,
El estiércol y el barro son más extraordinarios de lo que se ha pensado,
Lo sobrenatural no importa, y yo mismo me convertiré muy pronto en un ser prodigioso,
Ya está cercano el día en que haré maravillas, en que seré uno más de los mejores,
A fe mía que ya soy un creador,
Miradme penetrando en el seno profundo donde reinan las sombras.

42

En medio de las gentes levanto mi clamor,
El de mi voz rotunda, final y arrolladora.
Venid, hijos míos,
Venid, niños y niñas, mujeres, familiares y amigos,

Ya ha acabado el preludio que tocaron las flautas y aho-
    ra el ejecutante interviene con toda su energía.
Son acordes sencillos escritos para dedos muy ágiles,
Ya siento vuestra intensa armonía y el retumbo final.
Me da vueltas la cabeza,
La música trepida (no es música de órgano),
La gente me rodea, pero no son parientes.
Siempre la tierra sólida y compacta,
Siempre los que comen y beben, el sol que sale y se ocul-
    ta, el aire y las mareas incesantes,
Siempre yo y mis vecinos, renovados, malévolos, reales,
Siempre la vieja pregunta inexplicable, siempre esa es-
    pina clavada en el pulgar, ese gemido de escozor y
    de sed,
Siempre la burla astuta, hasta que descubrimos al bur-
    lón escondido y lo hacemos salir,
Siempre el amor, y siempre el sollozante flujo de la vida,
Siempre el pañuelo que sostiene el mentón de los que
    mueren, siempre la caja que cobija al cadáver;
Aquí y allá los que caminan sin ver más que el dinero,
Los que se afanan en aplacar la gula de sus vientres,
Los que compran y venden entradas, y no van a la fiesta;
Y los muchos que sudan arando o en la trilla y reciben
    en pago un salario ruin,
Mientras sólo unos pocos permanecen ociosos y recla-
    man el trigo con muchas exigencias.
Esta es la ciudad y yo soy uno de los ciudadanos,
Lo que interesa a los demás también me interesa a mí:
    política, guerras, comercio, prensa, escuelas,
El alcalde y la corporación, bancos, tarifas aduaneras,
    buques, fabricas, títulos, almacenes, bienes muebles
    e inmuebles.
Los innumerables hombrecillos con traje y con corbata,

Sé muy bien quiénes son (y no son, por supuesto, ni pulgas ni gusanos),

En ellos reconozco un duplicado mío, el más débil e inútil es como yo, inmortal,

Todo lo que hago y digo, también ellos lo harán y lo dirán,

Y cada pensamiento que me viene a la mente, también a ellos vendrá.

Sé que tengo el prurito de hablar siempre de mí,

Que mis versos devoran lo que encuentran, pero debo escribirlos,

E iré a buscarte a ti, quienquiera que seas, para que te eches a volar conmigo.

Este canto mío no encierra palabras rutinarias,

Interroga de pronto con preguntas lejanas y que todo lo acercan

Ya está aquí el libro impreso, encuadernado, pero, ¿dónde están el impresor y el ayudante?

He aquí las fotografías bien tomadas, pero, ¿tienes, acaso, entre tus firmes brazos a tu esposa, a tu amigo?

He aquí el negro barco revestido de hierro, los cañones potentes en las torres, pero, ¿y el heroísmo del capitán y de los maquinistas?

He aquí la casa, la vajilla, las viandas, los muebles, pero, ¿y los anfitriones y las dulces miradas de sus ojos?

El cielo está allá arriba, pero, ¿está aquí en la casa de al lado y en la casa de enfrente?

La historia esta repleta de santos y de sabios, pero, ¿y tú?

Sermones, credos, teologías, pero, ¿y el insondable cerebro de los hombres?

Y que es la razón? ¿Qué es el amor? ¿Y qué es la vida?

No os desprecio, sacerdotes de todos los tiempos y países,
Mi fe es la más vasta y la menor de todas:
Abarca los cultos más antiguos y los cultos modernos,
    así como todos los que están entre ellos,
Confía en que, después de cinco mil años, volveré yo a
    esta tierra.
He aguardado la respuesta de todos los oráculos, he hon-
    rado a los dioses y saludado al sol,
He labrado un fetiche en la piedra primera y en el leño
    más viejo, practicado exorcismos con bastones en el
    círculo mágico,
He ayudado al lama o al brahmán a disponer las luces
    de los templos,
He danzado en la calle en los rituales fálicos, y he vivi-
    do como un gimnosofista fanático y austero en me-
    dio de los bosques,
He bebido hidromiel en una calavera; he admitido a los
    Shastas y Vedas, obedezco al Corán;
He recorrido los teocalis manchados con la sangre de
    piedras y cuchillos, y he tocado los terribles tambo-
    res de pieles de serpiente.
Admito el Evangelio, aceptando al buen crucificado, sa-
    biendo con certeza de su divinidad,
Me arrodillo en la misa o me pongo de pie en el ser-
    món puritano, o me siento paciente en un banco de
    iglesia;
Deliro y echo espuma por la boca en raptos de locura, o
    aguardo como un muerto a que mi espíritu me des-
    pierte de nuevo;
He mirado a todos los lugares del suelo y de la tierra,

Y me he unido a quienes recorren sin fin el círculo de los círculos.

He oficiado en medio de esa hueste centrípeta y centrifuga, y ahora me vuelvo a hablar como el hombre que hace encargos al emprender un viaje.

Escépticos, abatidos, necios, rechazados,

Frívolos, adustos, quejumbrosos, airados, sensibles, desesperados, ateos...

A todos os conozco, conozco vuestro mar de tormentos, de dudas, de desesperaciones y de falta de fe.

¡Cómo agita violenta sus aletas la ballena que ha resultado herida!

¡Cómo las sacude veloces como el rayo entre espasmos y efusiones de sangre!

Serenaos, aletas sangrientas de escépticos y de pobres de espíritu,

Ocupo mi lugar con vosotros, como estoy junto a todos,

El pasado a todos nos impulsa, a vosotros y a mí, de la misma manera,

Lo no experimentado, lo que está por venir, también es para todos, exactamente igual.

Ignoro lo no experimentado, lo que está por venir,

Pero sé que vendrá a su debido tiempo, que no puede fallar.

Todo el que sigue su marcha será tenido en cuenta, y aquel que se detiene, ninguno es olvidado.

No será olvidado el joven que murió y que fue sepultado,

Ni la muchacha muerta que ahora yace enterrada muy cerca de su amante,

Ni el niño que se asomó un instante a la puerta y nunca más le vieron,

Ni el anciano que vivió sin motivo y que murió amargado,

Ni aquel que se consume en el asilo, atacado por la tu-
   berculosis y el alcohol;
Ni los muchos que han sido asesinados o que han muer-
   to en el mar, ni el último salvaje al que se tiene como
   despojo humano,
Ni las anémonas, que no hacen otra cosa que flotar en las
   aguas con las bocas abiertas para engullir comida,
Ni cosa alguna de la tierra aunque yazga enterrada en la
   tumba más honda,
Ni cosa alguna de los miles de astros o de los miles de
   seres que los pueblan,
Ni lo que ahora sucede, ni la más leve brizna conocida.

44

Ha llegado la hora de explicarme... Pongámonos en pie.
Me despojo de cuanto ya conozco,
Arrojo conmigo a todo hombre y mujer a lo desconoci-
   do.
El reloj marca el tiempo, ¿y qué marca lo eterno?
Ya hemos agotado trillones de veranos y de inviernos,
Y aún quedan trillones por venir, y trillones después.
Los seres que nacieron ya aportaron riqueza y varie-
   dad,
Y los que vengan traerán nuevas riquezas y nuevas va-
   riedades.
Yo no digo que uno sea más grande y el otro más pe-
   queño,
Lo que llena su tiempo y ocupa su lugar no es menos
   que cualquiera.
Hermano, hermana mía, ¿han sido los hombres crueles
   o envidiosos contigo?

Lo lamento por ti, conmigo no lo han sido,
Todos han sido buenos y no puedo quejarme,
No me van a mí mucho los lamentos y quejas.
Soy un ápice de cosas realizadas y contengo las cosas
que serán.
Mis pies tocan el ápice que culmina los ápices,
Hay en cada escalón un racimo de siglos y aún más hay
entre ellos,
Todos los anteriores han sido ya escalados, y yo sigo su-
biendo.
A medida que asciendo, los fantasmas de abajo se in-
clinan reverentes,
Vislumbro en la distancia la nada primigenia que tam-
bién habité,
Donde estuve esperando, invisible, dormido en la bru-
ma letárgica,
Aguardando mi turno sin que me sofocase el fétido car-
bono.
Durante mucho tiempo me cobijó la sombra,
Inmensa ha sido la gestación de mi ser,
Dos brazos cariñosos y fieles me ayudaron.
Los ciclos temporales empujaron mi cuna con el remar
alegre de fornidos barqueros,
Para que yo pasara, las estrellas del cielo salieron de sus
órbitas;
E hicieron que su influjo acabara por servirme de apo-
yo.
Ya antes de nacer de mi madre muchas generaciones me
sirvieron de guía,
Mi embrión no durmió nunca, nada pudo pararlo.
Por él la nebulosa se condensó en un orbe,
Los estratos geológicos se fueron colocando muy lentos
por servirme de apoyo;

Inmensos vegetales le dieron su sustento,
Y saurios monstruosos lleváronlo en sus bocas con ex-
    tremo cuidado.
Todas las fuerzas se unieron para completarme y darme
    sus deleites,
Y aquí me encuentro ahora con mi alma robusta.

45

Tiempo de juventud, flexible, infatigable,
Madurez, equilibrio pletórico y florido...
Mis amantes me ahogan,
Me besan en los labios, se disputan los poros de mi piel,
Me aprisionan por calles y tabernas, y se acercan a mí
    por la noche, desnudos,
De día me saludan a gritos en las rocas del río, volando
    y cantando por encima de mí,
Me llaman desde el huerto, de la viña o del bosque fron-
    doso,
Iluminan mi vida en todos sus instantes,
Acarician mi cuerpo con balsámicos besos,
Se arrancan en silencio trozos de corazón para hacerme
    un regalo.
Y tú, vejez que vienes, bendita siempre sea esa gracia
    inefable de los días que mueren.
Cada edad que nos llega no sólo se proclama a sí mis-
    ma, sino también a otras pasadas y futuras,
Y tanto como ellas proclama el oscuro silencio de la muerte.
Abro de noche la ventana y miro las estrellas disper-
    sas,
Y todo lo que veo, innumerable, es el borde de mundos
    más lejanos.

Se extiende más y más, expandiéndose siempre,
Hacia afuera, hacia afuera, y siempre más afuera.
Mi sol tiene su sol, al que sigue obediente,
Gira con sus compañeros de círculos más amplios,
Y le siguen conjuntos mayores todavía, al lado de los
cuales los más grandes son puntos.
Nada se detiene, ni puede detenerse,
Si tú o yo, los mundos, o todo lo que existe bajo ellos
o encima volviéramos a ser en este instante una pá-
lida y flotante nebulosa, a la larga, de nada impor-
taría:
Avanzaríamos otra vez, sin duda, para llegar donde aho-
ra nos hallamos,
Y luego seguiríamos progresando, sin duda, más lejos y
mas lejos.
Unos pocos cuatrillones de eras, algunos octillones de
volumen no ponen en peligro el proceso ni lo alteran,
Pues no son sino partes, y cada cosa no es sino una parte.
Por más lejos que mires, siempre habrá más allá un es-
pacio sin límites,
Por más horas que cuentes, habrá un tiempo sin límites,
un antes y un después.
Mi cita ya ha sido concertada, ya es segura:
Allí estará el Señor esperando que llegue,
Allí estará mi Dios, ese gran camarada, el verdadero
amante al que tanto he buscado.

46

Sé que lo mejor del tiempo y del espacio es mío; nunca
he sido medido ni lo seré jamás.
Acercaos y oídme: mi camino es un viaje perpetuo,

Mis señas, un capote, unos fuertes zapatos y un cayado
que he cortado en el bosque,
Ningún amigo mío se sentará en mi cátedra,
Pues yo no tengo cátedra, ni iglesia, ni escuela filosó-
fica,
No llevo a ningún hombre al banquete, a la bolsa o a al-
guna biblioteca,
Pero a ti te remonto, hombre o mujer, a la más alta cum-
bre,
Con uno de mis brazos rodeo tu cintura,
Con el otro te muestro los paisajes de todo continente,
el camino de todos los caminos.
Ni yo ni nadie podrá surcar por ti ese camino,
Tú mismo habrás de hacerlo.
No queda lejos, pues está a tu alcance,
Quizá ya andas por él desde la cuna, aunque tú no lo se-
pas,
Quizá se encuentre en todos los lugares, en la tierra y el
mar.
Carga con tu equipaje, hijo, que yo he traído el mío, y
apretemos el paso,
Ciudades prodigiosas y tierras liberadas hallará nuestro
andar.
Si te cansas, entrégame tu carga y apóyate en mi pecho,
Ya harás por mí lo mismo cuando llegue el momen-
to,
Pues iniciado el viaje no habrá descanso alguno.
Hoy, antes del alba, he subido a una loma para ver las
estrellas que brillan en el cielo,
Y le dije a mi alma: «Cuando abarquemos todos esos
mundos y el saber y los goces que encierran, ¿esta-
remos al fin colmados y contentos?»

Contestome mi alma: «No; cuando hayamos llegado a esas alturas, habrá que ir más allá.»

Tú también me interrogas y te escucho,

Te respondo que no puedo contestarte, que has de hacerlo tú mismo.

Siéntate un momento, hijo mío,

Aquí tienes pan para que comas y leche para que sacies tu sed.

Pero tan pronto hayas dormido y mudado tus ropas, te besaré con el beso del adiós y te abriré la puerta para que salgas de nuevo.

Mucho tiempo has perdido en sueños despreciables,

Ahora quito la venda de tus ojos,

Debes acostumbrarte al brillo de la luz y al de cada momento de tu vida.

Durante mucho tiempo te has dejado arrastrar tímidamente por el curso del río aferrado a un madero,

Quiero ahora que seas un nadador valiente,

Que te arrojes al mar, que reaparezcas, que me hagas señales, que me grites mientras el agua cae de tus cabellos.

47

Soy el maestro de atletas,

Quien a mi lado desarrolla un pecho que es más ancho que el mío confirma la anchura de mi pecho,

Nadie honra mejor mi estilo que el que con él aprende a vencer al maestro.

El muchacho al que quiero se hará hombre, no gracias a mi esfuerzo, sino a sus propios medios,

Será malo mejor que virtuoso por mero conformismo o por temor,

Querrá a su novia, comerá su comida alegremente,

El amor que no le correspondan y el desaire le herirán aún peor que un agudo estilete,

Será el primero en la doma de potros, en pelear, en disparar al blanco, en pilotar un barco, en cantar o en tocar la guitarra,

Preferirá las cicatrices y los rostros hirsutos, las marcas de viruela, a todos los afeites,

Y las pieles curtidas a las blancas sin sol.

Enseño a que me huyan, pero, ¿quién puede alejarse de mí?

Quienquiera que tú seas, desde ahora empezaré a seguirte,

Golpearé con mis voces tus oídos hasta que las entiendas.

Yo no digo estas cosas por dinero, ni por matar el tiempo mientras espero un barco,

(Yo digo lo que piensas, me expreso con tu lengua,

Que en tu boca se encuentra siempre atada y en la mía se suelta y sc libera.)

Juro que nunca volveré bajo techo a mencionar el amor o la muerte,

Y juro que no he de sincerarme sino con el hombre o la mujer que comparten conmigo el aire libre.

Si quieres entenderme, ve a los cerros o a la orilla del agua,

La mosca que en tu mano se posa es ya una explicación; y una gota de agua o el vaivén de las olas constituye una clave;

Los mazos o los remos o la sierra de mano secundan mis palabras.

Ningún cuarto o escuela de ventanas cerradas podrá encajar conmigo,
Me explicaré mejor a las gentes sencillas y a los niños ingenuos.
El joven artesano me toca muy de cerca y me conoce bien,
El leñador que lleva su hacha y su jarrillo me transporta con él durante todo el día,
El gañán que ara el campo se contenta cuando escucha mi voz,
Mis palabras navegan con los barcos que zarpan, se van con pescadores y marinos a los que tanto quiero.
Mío es el soldado que acampa o marcha con la tropa,
En la noche que precede al combate, muchos van a buscarme, y nunca les defraudo,
En esa grave noche (que quizá sea la última), me busca quien me quiere.
Rozo el rostro del cazador furtivo que a solas duerme envuelto entre sus mantas,
El conductor que va pensando en mí ya no siente el vaivén de su carro,
La madre joven y la madre anciana comprenden mis palabras,
La doncella y la esposa detienen su costura y olvidan dónde están,
Ellos y todos desean meditar lo que les dije.

48

Ya he dicho que el alma no vale más que el cuerpo,
Y he dicho que el cuerpo no vale más que el alma,

Y que nada, ni Dios, es más grande para uno que uno
mismo,

Que aquel que camina sin amor una legua siquiera, ca-
mina amortajado hacia su propio funeral,

Que tú o yo, sin tener un centavo, podemos adquirir lo
mejor de este mundo,

Que el mirar de unos ojos o el guisante en su vaina con-
funden el saber que los tiempos alcanzan,

Que no hay oficio ni profesión tan bajos que el joven
que los siga no pueda ser un héroe,

Que el objeto más frágil puede servir de eje a todo el
universo,

Y digo al hombre o mujer que me escucha:

«Que se eleve tu alma tranquila y sosegada ante un mi-
llón de mundos.»

Y digo a la humanidad: «No te inquietes por Dios,

Porque yo, que todo lo interrogo, no dirijo mis pregun-
tas a Dios.»

(No hay palabras capaces de expresar mi postura tran-
quila ante Dios y la muerte.)

Escucho y veo a Dios en cada cosa, pero no le com-
prendo,

Ni entiendo que haya nada en el mundo que supere a mi
yo.

Por qué he de desear ver a Dios mejor de lo que ahora
le veo?

Veo algo de Dios cada una de las horas del día, y cada
minuto que contiene esas horas,

En el rostro de hombres y mujeres, en mi rostro que re-
fleja el espejo, veo a Dios,

Encuentro cartas de Dios por las calles, todas ellas fir-
madas con su nombre,

Y las dejo en su sitio, pues sé que donde vaya

Llegarán otras cartas con igual prontitud.

49

Y en cuanto a ti, muerte, y a tu abrazo fatal que nos des-
   truye, es inútil que trates de asustarme.
El partero, a tu lado, trabaja sin cesar,
Veo su mano que oprime, que recibe y sostiene,
Las puertas delicadas que al punto se dilatan,
Y observo la salida que libera y alivia.
Y en cuanto a ti, cadáver, eres un buen abono, pero no
   me repugnas,
Aspiro la fragancia de las rosas que crecen y perfuman,
Puedo besar los labios transformados en pétalos y aca-
   riciar el seno pulido del melón.
Y de ti, vida, pienso que eres residuo de incalculables
   muertes,
(No dudo que yo mismo ya me he muerto mil veces.)
Os oigo murmurando, estrellas de los cielos,
Soles, hierbajos de las tumbas, perpetuas transferencias,
   desarrollos constantes,
Si nada me decís, ¿qué puedo decir yo?
Caed chipas del día y del ocaso, de los turbios estanques
   de bosques otoñales,
De la luna que baja por las mojadas cuestas de la tarde
   que muere,
Caed sobre las negras raíces que en el lodo se pudren,
Caed sobre el confuso llorar de los huesos resecos.
Asciendo con la luna, asciendo con la noche,
Comprendo que la luz espectral del ocaso refleja los ra-
   yos deslumbrantes del sol del mediodía,

Que siempre desemboco en el centro del mundo, ya ven-
ga de lo grande o lo pequeño.

50

Todo esto está en mí. No sé qué es, pero sé que está en mí.
Retorcido y sudando, mi cuerpo queda luego tranquilo
y despejado,
Y duermo, duermo mucho...
No lo conozco; no tiene nombre, es sólo una palabra que
nadie ha dicho nunca
No está en un diccionario, y nadie lo ha expresado ni
captado en un símbolo.
Y gira sobre algo que es mayor que la tierra donde yo
me sostengo,
La creación es para eso como el amigo que me despier-
ta alegre con su abrazo.
Quizá pueda decir alguna cosa más... Bosquejos...
Imploro por todos mis hermanos y hermanas.
¿Lo veis, hermanos y hermanas míos muy queridos?
No es el caos ni la muerte... Es la forma, es la unidad, el
orden...
Es vida eterna... ¡Es la alegría!

51

Se borran el pasado y el presente, pues ya los he col-
mado y vaciado,
Ahora me dispongo a cumplir mi papel en el futuro.
Tú, que me escuchas allá arriba: ¿Qué tienes que de-
cirme?

Mírame frente a frente mientras siento el olor de la tar-
de,
(Háblame con franqueza, no te oyen y sólo estaré con-
tigo unos momentos.)
¿Que yo me contradigo?
Pues sí, me contradigo. Y, ¿qué?
(Yo soy inmenso, contengo multitudes).
Me dirijo a quienes tengo cerca y aguardo en el umbral:
¿Quién ha acabado su trabajo del día? ¿Quién terminó
su cena?
¿Quién desea venirse a caminar conmigo?
Os vais a hablar después que me haya ido, cuando ya sea
muy tarde para todo?

52

El gavilán manchado se abalanza directo y me reprocha
mi charla y mi tardanza,
Tampoco a mí me han domesticado, también soy inefable,
Lanzo mi salvaje graznido sobre los tejados del mundo.
El ultimo fulgor que pone fin al día se demora por mí,
Y proyecta mi imagen como otras —tan real como
otras— en los llanos desérticos en sombras,
Me empuja hacia la niebla y la penumbra.
Parto ya como el aire, sacudiendo mi blanco pelo hacia
el poniente sol,
Lanzo mi cuerpo al centro del veloz remolino y lo dis-
perso en jirones de espuma,
Me entrego al limo para crecer después con la hierba que
amo,
Si quieres reencontrarme, mira bien en las suelas de tus
botas.

Apenas sabrás quién soy o qué quiero decirte,
Pero he de darte salud y vigor filtrándote la sangre.
No desesperes si no me encuentras pronto,
De no estar junto a ti, mira más lejos,
Que yo en alguna parte te estaré esperando.

EPÍGRAFES

Mientras yo meditaba en el silencio,
Volviendo a mis poemas, deteniéndome en ellos, repa-
sándolos,
Se alzó ante mí un fantasma de rostro desconfiado, te-
rrible en su belleza, edad y poderío,
El genio de los poetas del mundo antiguo,
Que, mirándome con ojos como llamas,
Señalando con el dedo mil cantos inmortales,
Me dijo con voz acusadora: «¿Tú qué cantas?
Es que acaso no sabes que sólo existe un tema para to-
dos los bardos inmortales,
Que ese tema es la guerra, la fortuna que se alcanza en
la lucha,
La creación de soldados perfectos?»
«Así sea, contesté,
Yo también, sombra altiva, he cantado a la guerra, a una
guerra más prolongada y grande que ninguna,
Sostenida en mi libro con desigual fortuna, con huidas,
avances, retrocesos, con victorias diferidas e in-
ciertas,
(Sin embargo, la victoria me parece más o menos segu-
ra); es el mundo mi campo de batalla,

Guerra de vida y muerte para el cuerpo y para el alma
eterna,
¡Escúchame!
También yo he venido para cantar batallas,
Y a suscitar, primero, valerosos soldados.»

* * *

¡Poetas del futuro! ¡Oradores, cantantes, músicos del
porvenir!
No será este presente quien debe justificarme y respon-
der por mí,
Sois vosotros, la nueva generación autóctona y atlética,
continental, más grande que todas las conocidas.
¡Arriba!, que vosotros debéis justificarme.
Yo apenas dejo escritas unas pocas palabras acerca del
futuro,
Me adelanto un instante y retrocedo corriendo presuro-
so a sumirme en las sombras.
Soy un hombre que, sin parar su marcha, os mira fu-
gazmente y luego vuelve el rostro,
Dejándoos el cuidado de examinarla y definirla,
¡Lo principal lo espero de vosotros!

* * *

¡Para ti, vieja causa!
¡Incomparable, ardiente, buena causa,
Firme, implacable, austera, dulce idea,
Inmortal a través de las edades, de las razas, de todos los
países!
Tras una guerra extraña, sangrienta y cruel que se libró
por ti,

(Creo que todas las guerras de todos los tiempos se li-
    braron y libraran por ti),
Estos cantos son para ti, para tu marcha eterna.
(Una guerra, soldados, no se declara sólo por sí misma,
Hubo mucho, muchísimo, que se quedó aguardando en
    el silencio para emerger por fin en este libro.)
¡Tu, orbe de los orbes!
¡Tú, principio ferviente! ¡Tú, germen protegido y laten-
    te! ¡Tú, centro!
En torno de tu idea ha girado la guerra,
Con todo su vehemente y furioso abanico de causas,
(Con vastas consecuencias que se verán al cabo de los
    años),
Estos versos son para ti, mi libro y la guerra no son más
    que una sola y misma cosa,
Mis poemas y yo vamos fundidos con tu espíritu,
Como gira la rueda alrededor del eje, este libro, incons-
    ciente, no gira sino en torno de tu idea.

* * *

A ti, quienquiera que seas (bañando con mi aliento esta
    hoja para hacerla crecer, oprimiéndola un instante
    entre mis manos vivas:
¡Toma! ¡Mira cómo me late el pulso en las muñecas!
    ¡Cómo dilata y contrae la sangre mi corazón!)
Me ofrezco a ti, en todo y para todo, me ofrezco a mí
    mismo, prometiendo no dejarte jamás,
De lo que doy fe firmando con mi nombre

Walt Whitman.

ÍNDICE